지금 당장 포르쉐를 타라

지금 당장
포르쉐를 타라

김민성 지음

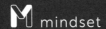

프롤로그

'오, 포르쉐 타세요?' 직업 특성상 굉장히 많은 사람을 만나게 된다. 그리고 그들을 만날 때 나는 의도적으로 책상 위에 내 포르쉐 차 키를 올려놓는다. 이때 사람들의 반응은 크게 3가지로 나뉜다. 첫 번째는 아무런 관심이 없는 유형이다. 두 번째는 입 밖으로 꺼내지는 않지만, 나에 대한 눈빛이 달라지는 유형이다. 그리고 마지막 세 번째는 대놓고 부러워하는 유형이다. 2023년 1월 현재 기준 포르쉐는 저가형도 신차 가격이 1억 원이 넘어간다. 1억 원이 넘어가는 차를 유지하기 위해서 들어가는 비용도 만만찮다. 하지만, 그 돈을 차에 투자하는 가치는 충분하다. 차는 제 2의 얼굴이기 때문이다. 처음에는 내색하지 않았지만, 나중에 친해진 사람들은 술 한 잔을 하며 나에게 이런 말을 한다. '민성씨, 돈 많이 벌어서 좋겠어요. 포르쉐도 타고.' '민성씨 차 되게 좋은 거 타던데 얼마나 성공하면 그런 차 탈 수 있어요?' 그때마다 나는 솔직하게 말한다. '사실 제 차는 10년 된 중고차예요. 저는 3,120만 원에 샀습니다.' 그럴 때마다 사람들의 눈이 동그래진다. '포르쉐가 그것밖에 안 한다고요? 사고차 아니에요? 오래돼서 고장도 잘 날 거 같은데..' 물론 오래된 차가 신차보다 고장도 잘 나고, 성능도 떨어지는 건 사실이다. 하지만, 2021년 7월, 포르쉐 카이엔을 3,120만 원에 구매한 뒤 내 인생은 180도 달라졌다. 그전보다 훨씬 더 좋은 기회들이 찾아왔고, 많은 사람이 나를 동경의 시선으로 바라보기 시작했다. 예전에는 무조건 아끼는 게 좋다고 생각했다. 끊임없이 가성비를 찾았고, 안정적이지 않은 직업 특성상 쓸데없는 곳에 나가는 지출을 줄이고 내실을 다지려고 노력했다. 그러나 3년 전, 그런 나에게 굉장히 친한 선배 쇼호스트 한 분이 그런 얘기를 했다. '민성아, 내실도 중요하지만, 그 내실을 보여줄 기회는 만들어야 하지 않겠어?' 그 선배의 말에 큰 충격을 받고 이런 생각을 하게 됐다. '그래. 보이지 않는 곳에서 열심히 부자가 될 노력을 하는 것도 맞지만, 부자처럼 보이는 것도, 성공한 사람처럼 보이는 것도 중요하겠다.'

예전의 나 같았으면 3,000만 원으로 국내 브랜드의 준중형 신차를 샀을 것이다. 깔끔하고, 세련되고, 잔 고장 날 일도 없고, 누군가의 손때가 묻지 않은 그런 차. 남들의 시선은 크게 신경 안

쓰고 내가 좋으면 되는 차. 그러나, 2021년 7월, 그 가치관을 뒤엎고 10년 된 포르쉐 카이엔을 산 뒤 내 인생은 180도 달라졌다. 차 키 하나만 보여주면 사람들의 시선이 달라지고, 대우가 달라진다. 그렇게 좋은 기회들이 많이 찾아왔고, 그 기회들을 붙잡기 위해 내실을 채우다 보니 1년 사이 굉장히 많은 성장을 이룰 수 있었다. 또한 내가 삶을 대하는 마음가짐도 달라졌다. 부담스럽고 힘든 방송을 하기 전, 주차장에 주차를 한 뒤 포르쉐 마크를 보면, '너는 대단한 사람이고, 충분히 자신감을 가져도 돼.'라고 스스로에게 되뇌게 된다.

누군가는 이렇게 말할 수도 있다. '겉이 아무리 삐까번쩍해도 본질이 별로라면 그건 오래 못 간다.'라고. 그러나 나는 그런 사람들에게 이렇게 말하고 싶다. '겉이 삐까번쩍하지 못해 사람들의 눈길을 끌지 못한다면, 아예 오래 갈 기회조차 주어지지 않는다.' 내가 포르쉐를 탄다는 이유 하나만으로 많은 사람은 나에게 '너 왜 이렇게 잘 나가?' '너는 돈을 요즘 얼마나 많이 버는 거야?'라고 말한다. 나랑 친한 사람들조차 이렇게 생각한다면, 그렇지 않은 사람들은 오죽할까.

이 책을 집어 든 당신에게 이렇게 묻고 싶다. '제목을 보며 어떤 생각이 들었는가?' 누군가는 불편함을 느꼈을 것이다. '굳이 이렇게까지 해야 해? 겉보기에만 너무 충실한 거 아니야?'라고 말하며. 하지만 또 다른 누군가는 마음속 깊은 욕망이 스멀스멀 올라왔을 것이다. '그래. 한 번 사는 인생, 좋은 차 타야지!' 나는 쇼호스트로서 누군가의 마음을 읽고, 그 사람이 정말 원하는 게 무엇인지 끊임없이 파악해야 한다. 그렇기에 뻔하고 무난한 제목으로 잊히기보다, 불편과 환희를 동시에 이끌어낼 수 있는 제목을 선택한 것이다. '괜찮네~' 정도로는 판매가 이뤄지지 않으니까. 적어도, '뭐야?'라는 감정이 들게 해야 하니까.

　이 책은, 어떻게 상대방에게 현명하게 접근해 마음을 얻는지, 더 나아가 최종적으로 그들에게 신뢰를 얻은 상태에서 내가 원하는 것을 이룰 수 있는 구체적인 방법들을 다루고 있다. 뻔하지 않은 제목과 뻔하지 않은 내용으로 여러분의 인생을 확실하게 바꿔주겠다. 이 책이 여러분의 인생에 확실한 변곡점이 되기를, 그로 인해 훨씬 더 나은 인생, 생각지도 못한 인생을 살게 되기를 진심으로 바란다.

김민성

PART 3

누구나 찾는
유능한 사람이 되는 방법

PART 4

상대방의 심리를 파악하고
공략하는 구체적인 방법

PART 1

반드시 성공하고 싶은 당신이
기억해야 할 6가지 사실

핑크 펭귄이
되어라

'넌 말이 너무 많아.' '넌 좀 과해.' '넌 입만 안 열면 참 괜찮은데…'

코흘리개 초등학생을 거쳐, 사회생활 초년생, 그리고 어엿한 쇼호스트가 된 지금까지도 내가 가장 많이 듣는 얘기다. 하지만 나는 사람들이 그토록 조심하라던 '말'이라는 무기로, 15분 만에 7억 원에 가까운 물건을 판매하고 있다.

평범한 스펙에 평범한 가정에서 자란 사람이 가장 많이 하는 실수는 아래와 같다.

'절대 튀려고 하지 않는다는 것.'

이들은 튄다는 건 다른 사람들과 다른 것이고, 또 모난 것이라고 생각한다. 이들은 그냥 자신을 숨기며 튀지 않으려, 입방아에 오르지 않으려 노력한다. 하지만, 그 결과 욕은 먹지 않지만 반대로 수많은 기회를 놓치며 본인의 능력의 10%도 발휘하지 못한다.

예전의 나 역시 사람들 이야기에 오르는 걸 싫어했고 최대한 튀지 않으려는 삶을 살았다. 그러나 어느 날 문득 이런 생각이 들었다. '난 이대로 행복한가?' '왜 나는 남의 눈치만 보고 남의 기준에 맞춰 살아야 하지?' 그리고 그때 이 생각이 나의 인생을 송두리째 바꿔 놓았다. '그래, 남들의 눈치를 보느라 나의 인생을 살지 못할 바에야, 욕을 먹더라도 내가 하고 싶은 대로 살겠다.' 나는 항상 돋보이는 사람이 되고 싶었다. 존재감을 강력하게 드러내며 사람들에게 좋은 영향을 주고 싶었다. 그러나 항상 사람들의 눈치를 보느라 억지로 조용하게, 나의 끼를 누르며 살았다. 하지만 저 생각을 한 뒤로 강력하게 나의 욕망에 충실하자라는 생각이 들었고, 내가 닮고 싶은 사람, 되고 싶은 강사들의 강의를 수도 없이 보거나, 좋아하는 연예인들의 대화법을 계속해서 연구하며 실전에 적용하려 노력했다. 물론 처음에는 맞지 않는 상황에 마구잡이식으로 명언이나 유익한 말, 감동을 주는 말, 멋있는 말을 사용했고 자연스레 이런 피드백을 듣게 됐다. '넌 말이 왜 이렇게 많니?'

'너 좀 과하다.' 그렇다. 그때의 나는 확실히 과했다. 하지만 굴하지 않고 꾸준히 계속 노력을 한 결과, 어느 순간부터 그런 피드백이 줄어들기 시작했다. 점점 상황에 맞는 말을 하기 시작한 것이다. 〈핑크 펭귄〉이란, 세계적인 마케팅 전문가 빌 비숍의 저서 제목이다. 수많은 펭귄 속에서, 비슷한 아이템으로 어필해봤자 고객의 마음은 결코 움직이지 않는다. 그러나, 독보적인 아이템을 갖고 존재감을 어필한다면? 내가 원치 않아도 사람들의 눈에 띌 수밖에 없다. 이처럼 대부분의 사람은, 성공하기 위해서는 본인의 존재감을 절대적으로 드러내야 한다는 것을 잘 알고 있다. 그러나 대한민국 사회에서 핑크 펭귄이 된다는 건 결코 쉽지 않다. 우리는 학창시절, 튀지 말고 기본에 충실하며 남들이 다 하는 과정을 기본적으로 따라가야 성공하는 인생이라고 배운다. 그러니 그 모든 것을 역행하며 나만의 색깔을 갖기 위해 노력하는 행동 자체가 남들의 눈에 좋지 않게 보일 수도 있는 것이다. 그러나 아래에 언급한 한 가지만 이겨내면 핑크펭귄이 되어 1%의 삶을 살 수 있게 된다.

바로, '남들이 생각만 하고 용기 내지 않는 무언가를, 용기 내해보는 것.'

99%는 생각만 하고 시도조차 하지 않는다. '무서우니까.' '틀릴까 봐.' '비난 받을까 봐.' 하지만, 그냥 원하는 걸 하면 된다. 그 용

기만 내면, 다음부터는 어떻게 해야 할지만 고민하게 된다. 그리고 그 과정에서 자연스럽게 그 사람은 1%의 핑크 펭귄이 된다. 물론 초반에는 나처럼 미움을 받을 수도 있다. '쟤는 왜 저렇게 나대?'라며, 사람들의 입방아에 오를 수도 있다. 그러나 그 부끄러움도 잠시, 꾸준히 내가 하고 싶은 것을 하며 결과를 낸다면 그런 사람들은 사라지고, 어느새 당신을 동경하는 사람들이 당신의 주변에 가득할 것이다.

고정관념을 깨뜨리고,
삶을 유연하게 바라봐라

대학생 시절, 우연히 유럽에서 공부한 선생님에게 무용특강을 받을 기회가 생긴 적이 있다.

그런데 그때 내가 느꼈을 때 그 선생님은 너무나도 촌스러운 빨간 가죽 구두를 신고 다녔다. 그게 이상했던 나는 선생님에게 수업이 끝나고 이렇게 물어봤다. '선생님은 잘생기시고 스타일도 좋으신데 그 신발은 선생님의 스타일과 어울리지도 않고 촌스럽지 않나요?'

그러자 그 선생님은 나에게 이렇게 말했다.

'왜? 이건 우리 할아버지가 신던 신발인데? 민성이 너가 왜 이

신발에 대한 평가를 하지? 이건 내 할아버지가 물려주신 신발이고 내 물건이야. 내가 만족하면 그만이지.'

그때 선생님의 답변이 나에게는 정말 신선한 충격이었다. '그래. 남의 평가가 무슨 상관이지? 지금 유행하는 스타일인지 아닌지가 왜 중요하지? 내가 만족하면 그만인 건데.'

그 뒤로 나는 무용과 학생이었지만, 금융공부를 열심히 하기 시작했다. 돈을 터부시하는 무용과 특성을 제대로 역행한 것이다. 그리고 대학교 3학년 겨울방학에 무용과는 아무도 지원하지 않는 SC제일은행 본점의 인턴으로 지원했다. 그리고 정말 놀랍게 나는 최종면접까지 가서 본사에서 면접을 볼 수 있었다. 그곳에는 나를 제외한 모든 사람이 학벌이 좋았고, 나는 꿈도 꾸지 못하는 금융자격증을 몇 개씩이나 가지고 있었다.

'내가 어떻게 최종까지 왔지?' 이런 생각을 하며 면접을 봤다. 긴 면접이 끝나고 나는 확신했다. '떨어졌겠구나.' 왜냐면 나는 기초적인 금융지식에 대한 답변도 못 했으며, 내가 생각해도 깊은 인상을 줄 수 있는 행동이나 말을 하지 못했다. 하지만 이 질문을 꼭 하고 싶어, 면접이 끝나고 나가는 길에 면접관들에게 물어봤다.

'마지막으로 하나만 여쭤보겠습니다. 물어보지 않으면 평생 후회할 것 같아 용기를 냈습니다. 어떻게 금융에 기초도 없고 경력도 없는 제가 최종면접까지 올 수 있었죠?' 그때 면접관의 대답이 잊히지 않는다. '무용과, 그것도 남자가 SC제일은행 본사에 지원한 게 너무 신기해서 그냥 만나보고 싶었습니다.' 결과적으로 나는 떨어졌다. 하지만 그들은 나를 만나고 싶어했다. 그리고 나는 대부분의 지원자와 다르게 최종까지 갔다. 그 대단한 곳을 금융에 관련된 자격증도 없이, 학벌도 없이 말이다. 기분이 이상했다. 뭔가 새로운 깨달음을 얻은 것만 같았다. 나는 면접장에서 나와 그 길로 바로 가까운 은행으로 갔다. 번호표를 뽑고 통장을 신규로 만들며 내 앞에 있던 은행원에게 다짜고짜 이런 질문을 했다. '혹시 어떤 과 나오셨어요?' 그러자 너무 놀라운 답변이 돌아왔다.

'철학과 나왔습니다.' 그때 당시 나는 당연히 경영학과만 은행에 가는 줄 알았다. 그 행원에게 나는 '금융권에 취업하고 싶은데 관련 학과가 아니어도 괜찮은지 물어보고 싶어서 질문했습니다.'라고 말하니 그 행원은 친절하게 웃으며 이렇게 말했다.

'지금 저희 지점에도 경영학과 출신은 거의 없습니다. 출신과는 크게 중요하지 않아요. 지금부터 열심히 하면 무슨 일이든 하실 수 있습니다.'

머릿속에 오랫동안 자리 잡고 있던 고정관념이 사라지는 듯한 느낌이 들었다. 그 이후로 나는 항상 '일반적으로, 통상적으로, 원래, 평균적으로.'라는 말을 지우고, 늘 새로운 기준으로, 고정관념 없이 살기 위해 노력했다. 그 결과 현재 지금의 내가 있게 됐다. 경계를 허물고, 익숙한 고정관념을 타파하라. 시작하기도 전에 겁부터 먹지 말고, 무엇이든 할 수 있다라는 마음가짐으로 인생에 임하라. 그렇게 살다 보면 자연스레 훨씬 더 나은 삶을 살 수 있게 될 것이다.

어필할 게 없다면
어떻게든 관심이라도 끌어라

지나가는 모르는 사람 얼굴에 주먹을 휘두른다는 가정을 해보자.(실제로 휘두른다면 큰 문제가 생길 수도 있다.)맞추려고 주먹을 휘두르는 게 아니라 위협만 한다는 상상을 해보는 것이다. 만약 그렇게 된다면 상대가 여성이든 남성이든 어른이든 아이든 아마 두 눈이 휘둥그레져서 '이게 지금 무슨 상황이지?'라는 반응을 보일 것이다. 만약 그때 당신의 주먹을 보여주며 '방금 말벌이 있어서 너무 위험했습니다. 조금 실례되었지만 제가 잡았습니다.' 하면서 죽은 말벌을 보여준다면? 상대의 당황스러운 감정이 이내 감사의 감정으로 치환될 것이다. 이런 상황에서 상대는 무조건 당신에게 집중할 수밖에 없다. 그리고 당신을 궁금해하며, 모든 신경이 당신에게로 집중될 것이다. 그다음은 고마움을 느낄 것이다. '의도가 없는 주먹을 휘둘러 당황했지만, 알고 보니 나에게 생겼을 위협 요소를 제거해준 사람이구나. 정말 고맙다.'

2014년, 쇼호스트 준비생 시절, 5달도 학원을 다니지 않은 상황에서 공채가 떴다. 나는 고민도 하지 않고 바로 지원서를 작성하려 했다. 그런데 문제가 생겼다. 필수 항목 중 방송경력이 있어야 한다는 것이었다. 절망스러웠다. 나는 방송경력이 전혀 없었기 때문이다. 하지만, 어떻게든 붙어야 했고 없는 경력을 쥐어 짜내야 했다. 그리고 나는 경력을 적는 칸에 '홈쇼핑 방청 다수경험'이라고 적었다. 그러자 놀라운 일이 일어났다. 서류에서 합격한 것이다. 그렇게 얼떨결에 면접을 보러 갔다. 보통 쇼호스트 면접에서 프레젠테이션을 시키는데, 면접관이 나에게는 프레젠테이션을 시키지도 않고 이런 말을 했다.

'내가 당신 면상 한번 보려고 그냥 붙인 거야. 도대체 홈쇼핑 방청을 방송경력으로 왜 쓴 거야? 지금 정신이 있는 거야, 없는 거야?' 나는 당황했지만 차분하게 생각한 뒤, 이렇게 대답했다.

'홈쇼핑을 TV로 방청하기 전에는 쇼호스트라는 직업이, 혼자 빛나는 존재인 줄만 알았습니다. 그런데 방청을 다니면서 많은 걸 배웠습니다. MD와 협력사가 상품을 꼼꼼히 준비해 주고 무대 감독이 사소한 것 하나하나를 체크해주는 걸 봤습니다. 또한, PD가 전체적인 방향을 잡아주고, 카메라 감독은 카메라를, 또 음향감독은 음향을 신경 쓰는 모습을 봤습니다. 그렇게 안 보이는 곳에서 서로 도와주고 협력하는 것을 보며 엄청난 깨달음을 얻었습니다. 방청을 하기 전에는 쇼호스트가 혼자 빛나는 줄 알았지만, 그 안에서 서로가 서로를 도와주고 빛내준다는 걸 깨달았기 때문입니다. 그렇기에 저는 자신 있게 방청에 대한 경험을 방송경력으로 적었습니다.' 결과는 어땠을까? 놀랍게도 나는 현대홈쇼핑 공채에 최연소로, 그것도 최단기간 방송 경력도 없이 합격할 수 있었다.

방송경력도 없고. 학원도 짧게 다녔으며, 아무런 능력도 없던 내가 어떻게 누구나 동경하는 쇼호스트라는 직업을 갖게 됐을까? 나에게 주어진 환경과 조건을 어떻게든 120% 활용해 상대에게 어필했기 때문이다. '구슬이 서 말이라도 꿰어야 보배다.'라는 속담이 있다. 이 말인즉슨, 내가 아무리 많은 것들을 갖고 있다 하더라도, 그것을 어필하지 못하고 적재적소에 사용하지 못한다면 말짱 꽝이란 의미다. 반대로 얘기한다면, 구슬이 한 말도 없더라도 어떻게든 꿴다면, 적합한 곳에 잘 활용한다면 훨씬 더 가치 있게 빛날 수 있다는 말이다. 지금 당신이 가지고 있는 게 별로 없는 거 같아서 자존감이 떨어져 있다면, 다른 사람들과 비교해 뛰어난 게 없어 좌절하고 있다면, 그 좌절의 늪에 오래 빠져 있지 말고 내가 갖고 있는 것들을 쭉 나열해보고 적어보자. 그리고, 그것들을 어떻게 어필할 수 있을지 고민해보자. 갖고 있는 게 많다고 다 성공하는 것도 아니고, 또 갖고 있는 게 별로 없다고 다 실패하는 것도 아니다. 내게 주어진 능력을 어떻게 활용할지 고민하고 생각한다면, 훨씬 더 좋은 결과를 맞이할 수 있을 것이다.

사람들의 눈에
어떻게든 띄어야 하는 이유

'여러분, 잘 보세요.'

내가 바지를 판매할 때 마법처럼 주문이 폭발적으로 들어오며, 시청률을 한순간 상승하게 하는 멘트다. 이게 뭐냐고? 바로 보여주는 것이다.

대부분의 쇼호스트가 말로만, '이 바지 정말 편해요.' '이 바지 진짜 굉장합니다.'라고 할 때 나는 '여러분, 잘 보세요.'라는 한 마디만 한 뒤, 다리를 쫙 찢고 실제로 바지가 편하다는 걸 입증한다.

2015년 신입 시절, 나는 처음으로 생방송에서 바지를 판매할 기회를 얻었다. 그리고 나는 다른 쇼호스트들과 차별성을 두고 싶었고, 생방송에서 바지를 입고 다리를 찢어야겠다는 생각을 했다. 그 이전에는 아무도 생방송에서 다리를 찢은 쇼호스트는 없었다.

그리고 나와 함께 진행하는 쇼호스트 선배와 PD가 부담스러워할까 봐 직전 미팅에서 이야기도 안 하고 생방송에서 갑자기 다리를 찢었다.

독단적인 행동이었다. 하지만 충분히 연습도 했으며, 사람들 눈에 띌 것이고 주문으로 연결될 거라는 확신이 있었다. 결과는 대박이었다. 55분 동안 팔리지 않던 바지가, 생방송을 불과 5분 남기고 불티나게 팔려 물량이 동난 것이다.

그 생방송 이후로 PD와 MD들은 서로 자기 상품에 나와 함께하겠다고 줄을 섰다. 심지어 내가 캐스팅이 안 될 것 같은 방송에는 사전촬영으로 나를 미리 찍어, 다리가 안 찢어지는 다른 쇼호스트의 방송에 틀기도 했다. 만약 내가 초보 쇼호스트라는 이유로, '무난하게 해야지.'라고 생각하며 방송을 진행했다면? 이런 결과는 나오지 않았을 것이다. 나는 나에게 어떻게 사람의 마음을 사는지 묻는 후배 쇼호스트들이나, 주변 인맥에게 이렇게 대답한다.

'일단 눈에 무조건 띄어야 해요.' 명심하자. 눈에 보여야 호감이든 비호감이든 생기는 것이다.

사회심리학에 따르면 사람들은 생각보다 주변에 관심이 없다. 여러분이 토익 만점을 맞았다고 가정해보자. 물론 정말 축하

해야 마땅한 결과고, 대단한 성취다. 그러나 여러분이 주변에 알리지 않는다면, 부모님을 제외하고, 또 토익 점수가 필요한 회사의 면접관을 제외하고 과연 누가 여러분이 토익 만점자라는 사실을 알까? 여러분이 하는 SNS 채널, 이를테면 유튜브에서 '6개월 만에 토익 만점 맞는 방법' 같은 콘텐츠를 올려야, 그제야 많은 사람이 '오, 이 사람 토익 만점 맞았네? 어떤 방법으로 공부했지?'라며 관심을 갖게 되는 것이다. 명심하자. 평범하게 행동해서는 사람들 눈에 띌 수 없다. 그리고 어떤 식으로든 사람들의 눈에 자주 띄게 되면 훨씬 더 많은 이득을 갖게 된다. 이를 '자이언스 효과'라고도 한다. 그런 적이 있지 않은가? 별로 관심이 없던 사람인데, 자주 마주치고 대화를 나누며, 그 사람에 대한 호감이 생긴 기억. 자주 마주치면 호감이 생기기 마련이다. 그러니 어떻게든 사람들의 눈에 띄자. 눈치 따위, 사람들의 시선 따위 신경 쓰지 말고, 어떻게 나를 알릴까만 고민하자. 물론 건강하지 못한 방법, 누구에게나 비난받을 만한 방법으로 본인을 알리는 것은 본인에게 해가 되겠지만 적당한 선에서 자신을 알리기 위해 적극적으로 어필하고 자신을 소개하는 건, 안 하는 것보다 100배, 1,000배 낫다.

자신이 아니라
환경을 바꿔야 한다

'민성아, 너는 너무 물욕이 많아.' '너는 왜 이렇게 돈만 밝혀?'

현대무용을 전공하던 대학시절, 내가 선배들과 동기들에게 가장 많이 들었던 이야기다.

대학 선후배, 그리고 동기들은 모두 순수 예술을 전공하며 예술에 대한 전문성을 키우려고 노력했다. 하지만 나는 그때부터 그들과는 다르게 생각했다. '어떻게 하면 무용을 하면서 돈을 벌 수 있을까?' '어떤 선배들이 무용으로 돈을 잘 벌고 있을까?'

나는 선배들을 만나면, 어떻게 돈을 벌고 있는지 물어봤고, 후배들을 만날 때는 앞으로 우리가 어떻게 돈을 벌어야 할지에 대해서 자주 얘기를 했다. 그런데 그럴 때마다 '너 그렇게 돈만 따라가면 망하는 거야.' '선배는 예술을 할 자격이 없어요.' 같은 질타와 핀잔만 돌아왔다. 그들과 다른 가치관을 갖고 있던 나는 대학 시절 4년 내내 미운 오리 새끼였다. 선배에게는 혼이 났고, 동기들에게는 정신 차리라는 소리를 들었으며, 후배들에게는 어차피 무용할 선배가 아니라며 무시당했다. 그때 나는 정말 많은 혼란을 느꼈다. '내가 너무 잘못 살고 있는 건가?'라는 생각까지 했다. 대학을 다니는 내내 나 자신이 정말 속물인 줄 알았다.

'난 왜 이렇게 돈만 밝히는 걸까? 나는 집이 못 살아서, 태생이 이래서 나는 이렇게 돈만 밝히는 저렴한 인간이 될 수밖에 없는 건가?'라며 스스로를 자책했다. 돈을 쫓는 나를 꾸짖는 선배들을 만날 때는 마음에도 없는 죄송하다는 사과를 했다. 그러나 그래도 나는 꾸준히 돈을 벌 수 있는 방법을 고민했다. 선배들의 삶이 결코 행복해 보이지 않았고, 돈에 구애 받지 않는 것처럼 말했지만, 그 누구보다 돈에 구애 받으며 사는 것 같았기 때문이다.

나는 대학 생활을 하며, 틈틈이 금융 공부와 영업을 공부했다. 그렇게 무용과 관련 없던, 선배들과 동기들, 후배들이 그렇게 무시했던 돈에 대해 공부한 결과, 나는 학교를 졸업하기도 전에 보험회사에 들어갈 수 있었다. 평생 무용만 하던 내가, 무용으로만 먹고 살 거라 생각했던 내가 온전히 나의 힘으로 취직을 하고 회사생활을 할 수 있다는 사실이 너무 행복했다.

그렇게 입사 한 후 2달이 흘렀다. 하지만 아무런 결과도 낼 수 없었다. 나는 나이도 어리고 금융 관련 경력이 있는 것도 아니었기에 실적이 정말 저조했다. 그렇게 자존감이 낮아져 있던 어느날 아침, 갑자기 아침조회 시간에 지점장님이 나를 전 직원 앞에 세웠다.

순간 '아… 혼나겠구나.' 라고 겁을 먹었다. '실적도 없고, 그렇다고 실력이 있는 것도 아닌 나는 정말 회사에서 인정을 받지 못하는구나.' 속상한 마음으로 고개를 푹 숙이고 무대 위로 올라갔다.

하지만 그때 지점장님의 첫 마디는 내가 예상한 것과 180도 달랐다. ' 모두 김민성님처럼 영업에 대한 집념을 가져보세요. 자나 깨나 실적 생각을 하고, 어떻게 하면 돈을 더 벌 수 있을지 항상 고민하고 질문하며 해결하려 노력하는 모습을 여러분들이 본받아야 합니다.' 지점장님의 그 말을 듣는 순간 내가 지금까지 했던 모든 고민이, 그동안 싸워왔던 가치관의 충돌이 통합되는 듯한 느낌을 받았다. 대학 4년 내내 죄인처럼, 변절자처럼, 미운 오리새끼로 돈만 밝히는 못난 사람으로 평가받으며 살아왔는데, 여기에서는 본받아야 하는 사람, 집념 있는 사람으로 평가 받다니. 사실 나는 변한 게 하나도 없었다. 환경만 바뀌었을 뿐이었다.

그때 너무나도 큰 깨달음을 얻었다. 내가 속물이 아니라. 내가 속한 곳이 나에게 맞지 않는 것이었다. 그동안 어떻게든 돈을 밝히지 않는 사람으로 보이기 위해 노력을 했던 지난 날이 후회가 됐다. 내가 진짜 원하는 가치관과는 정반대의 삶을 살고 있었고, 하등 도움이 되지 않는 시간을 낭비하고 있었던 것이다. 이 책을 읽는 여러분도 나처럼 아마, 여러분이 생각하는 것보다 더 대단하고 소중한 사람일 것이다. 하지만, 아직 여러분을 인정해주고 여러분의 능력을 펼칠 수 있는 공간이나 집단을 못 찾았을 뿐이다. 자신을 바꾸려 하기보다, 자신에게 맞는 환경을 찾아라. 그 안에서 물 만난 고기처럼 맘껏 활개 쳐라. 당신의 가능성을 제한하는 환경에서 억지로 잠재력을 억누르며 웅크리고 살기보다, 당신의 잠재력을 인정해주고 북돋아 주는 환경에서 마음껏 뛰놀며 즐겁게 결과를 내라. 개인의 의지는 나약하다. 하지만 그런 의지를 강력하게 다져주는 사람들, 환경을 만난다면 단언컨대 훨씬 더 지속적으로, 건강하게 성장할 수 있을 것이다.

불안한 사람이
성공한다

돈이 많은 재벌이나 부자들, 유명한 연예인이 자살했다는 뉴스를 간혹 접한다. 사회적 명망도 높고, 경제적으로 풍부하며, 세상에 더 바랄 게 없을 만큼 풍족한 그들이 왜 자살이라는 극단적 선택을 했을까? 이런 뉴스를 접하면 꽤 충격적이고 쉽게 이해가 가질 않았다.

왜 부자이고 성공한 사람들이 자살하는 걸까? 일반인보다 더 우울한가? 돈만 많다고 행복해질 수는 없겠지만, 굳이 생을 마감할 만큼 고통스러운 삶이었을까? 나 또한 여러 가지 의문이 들었다. 자기 자신은 물론 주변 사람들의 기대감을 견디지 못했거나 스스로 책임감의 무게를 견디지 못했다가 일반적인 해석이다. 그게 가장 중요한 원인일 것이다.

이런 예를 보면서 '현대 자본주의 사회에서 성공한 사람들은 행복해질 수 없는 성격인가'라는 생각을 하게 되었다. 실제로 미국의 CEO들이 우울증에 걸릴 가능성이 일반 직원보다 5배나 높다는 연구 결과가 있다. 여러 원인과 해석이 있는데, 그중 하나가 성공하는 사람들의 공통점은 심리적으로 '불안한 사람'이라고 한다.

심리적으로 불안감(anxiety)이 높은 사람은 눈앞에 있는 문제들을 곧바로 해결하기 때문에 해결 능력이 굉장히 뛰어나고, 효율적으로 일 처리할 확률이 높다. 반대로 불안감이 낮은 사람은 세상만사 천하태평이라 일 처리가 늦으며, 일에 대한 간절함도 없어서 주변 사람이 속 타는 경우가 많다.

또한, 불안감이 높은 사람은 계속해서 새로운 것을 찾는데 무엇에 흥미가 생기면 집요하게 파고드는 중독적 성향이 있다. 즉 가만히 있으면 불안하니 새로운 경험을 추구하고, '이거'란 확신이 들면 바로 새로움에 몰입한다. 그 몰입감이 안정감으로 바뀌는 성향의 사람이 결국 성공의 궤도에 오르는 것이다.

사실 나 역시 일반적인 기준보다 불안감이 높은 편이다. 한시도 가만히 있지 못하고, 계속해서 무엇이든 새로운 것을 찾는다. 보험영업을 처음 시작했을 때는 낮은 영업실적과 그에 따른 수입에 불안했었다. 그래서 쇼호스트 학원을 다니며 고객에게 신뢰감을 주는 이미지와 목소리를 배웠고, 마침내 쇼호스트가 되었다.

쇼호스트가 되었을 때도 역시 불안했다. 처음이라 인기도 없었고, 그러니 날 찾는 방송도 없고, 당연히 수입도 없었다. 이때부터 심리학을 공부하며 학위를 땄고, 나만의 브랜드인 '소비 프로파일러'를 만들었다. 차츰 인지도를 넓히고 능력을 인정받아 현대홈쇼핑에서 CJ로 이직을 했지만, 역시 초기에는 방송이 없었다.

이때는 전국 지방을 돌아다니며 나만의 강의를 하고, 평소 하고 싶었던 조종사 면허에도 도전했다. 가만히 있을 수 없던 나는, 오직 나만 할 수 있는 강의와 취미를 만들었다. 만약 내게 불안함이 없었다면 소비 프로파일러란 브랜드도, 쇼호스트로서의 성공도, 비행기를 조종하는 조종사도, 될 수 있었을까? 만약 당신도 지금 불안하다면, 그 불안함이 촉매가 되어 당신을 성공의 길로 안내할 것이라고 믿어라.

그런데 불안함을 별로 느끼지 않는 사람도 있는데, 낙천적이거나 낙관적인 성향을 지닌 사람이다. 두 성향을 지닌 사람들은 평소 건강하고 긍정적인 생각을 하는 '좋은 정신상태'를 지니고 있다. 그런데 낙천과 낙관에는 차이가 있다.

낙천은 애초 걱정 없이 마냥 행복한 성향이다. 아무 근심 걱정 없이 행복 지수가 높은 아프리카 지역에 사는 사람을 예로 들 수 있다. 반면 낙관은 많은 걱정과 고민이 있지만, 그걸 긍정적으로 승화하여 행복을 바라는 성향이다. 그런데 주로 한국인들의 성향이 낙관적이라고 한다. 또한 성공한 사람들은 주로 낙관적인 성향을 지녔다고 한다.

혹시 지금 불안한가? 무엇이 당신을 불안하게 하는지 생각해보라. 내면의 두려움인가? 외부적 요인에 힘든가? 그렇다면 당신은 성공할 수 있는 여건을 갖춘 것이다. 현실적으로 불안함을 아예 없애는 건 불가능하다. 그렇다면 그 불안을 긍정적으로 이용해보자.

심리학자 크리스 코트먼(Cortman Chris M.)은 "불안은 에너지다. 그 에너지를 이용해 세상을 더 나은 곳으로 만드는 법을 배우기 바란다. 누구나 불안 에너지를 성장 자극으로 바꿀 수 있다"라고 말했다. 즉 불안함은 성장의 필수 요소라는 의미다.

불안함에 빠져 세상을 어렵게만 보고 자신을 포기하지 말고, 현재 상황을 있는 그대로 받아들여라. 불안할수록 더 움직이고 열심히 일하면서 긍정적으로 하나하나 시도해본다면, 결과는 좋을 수밖에 없다. 결국 당신의 불안함이, 당신을 행복의 길로 데려다줄 것이다. 과거의 불안하고 걱정 많았던 나처럼 말이다.

PART 2

성공하고 싶다면
상대방의 심리를 파악하라

상대방의 잠재된
구매 동기를 깨워라

많은 사람이 고객의 '필요(Needs)'와 구매 '동기(Motive)'를 같은 것으로 여기지만 전혀 다른 개념이다. 처음부터 필요와 동기를 전혀 다른 개념으로 분류한 후 고객을 분석하고 바라봐야 '고객이 왜 그 상품을 구매했는지, 왜 구매하지 않았는지, 어떻게 하면 고객이 구매할 수 있는지'를 제대로 파악할 수 있다.

그렇다면 필요와 동기는 어떤 차이가 있을까?

먼저 '필요'는 고객이 원하는 물건이나 느끼는 감정이다. 이것은 짧은 순간에 발생하기도 하고 한 달이나 일 년, 길게는 십 년 동안 고객의 마음속에 잠복해 있을 만큼 쉽게 사라지지 않는다.

더 쉽게 말하여 니즈는, 고객이 듣고 싶은 말, 하고 싶은 것, 되고 싶은 것, 앞으로 이루고 싶은 것 등 고객의 원하는 모든 것이다. 또 마음속에 잠재하고 있는 꿈이 될 수도 있다.

예를 들어 당신의 꿈이 파일럿이었다고 가정하자. 예전에는 꿈을 이루지 못했지만, 20년 후 성공을 이뤄 큰돈을 벌어서 경제적 자유를 얻게 되었을 때 사비를 들여 파일럿이 되는 과정을 밟을 수 있다.

'동기'는 말뜻대로 어떤 일이나 행동을 하도록 결정하는 것이다. 구매 동기는 고객 스스로 움직이는데 자신의 생활 구조와 의식, 행동이 포함된 생활 스타일을 바꾸도록 결정하는 요인이기도 하다.

▶ **고객의 필요와 동기의 차이를 정확히 알고 구분해야 한다.**

고객의 필요가 '기름'이라면, 동기는 '불씨'다. 기름만 있을 때는 아무 변화가 없지만, 기름에 불씨를 붙이는 순간 활활 불타올라 산을 태워버리기도, 건물을 없애버리기도 한다.

마찬가지로 고객의 필요와 구매 동기가 만났을 때 고객은 엄청난 변화를 경험한다. 이성적으로는 '지금 이 돈을 쓰면 안 되는데' 라는 생각을 하지만, 자신도 인지하지 못하는 사이, 무리해서 큰돈을 쓰기도 하고, 빚을 내서 무언가를 사기도 한다.

왜 임금님은
벌거벗고 행진했을까?

고객의 동기, 즉 고객의 마음을 움직이는 방법을 알기 전에, 당신이 반드시 명심해야 할 것이 있다.

> ▶ **고객은 자신의 구매 동기를 절대로 판매자에게**
> **솔직히 말하지 않는다.**

모든 사람은 사회적 규범을 잘 따르는 '좋은 사람'처럼 보이고 싶어하며 자신이 좋은 사람이 아니란 것을 인정하지 않는다. 심리학에서는 이것을 다원적 무지(Pluralistic Ignorance)라고 하는데 마음속으로는 어떤 규범을 부정하면서도 다른 사람들은 그 규범을 수용하고 있다고 잘못 생각하는 현상이다.

어린 시절 읽은 안데르센의《벌거벗은 임금님》을 떠올리면 이해하기 쉽다.

어느 왕국에 새 옷을 좋아하는 호화로운 임금님이 살았다. 한 재봉사가 멋진 옷을 지어주겠다고 했으나 그 옷은 임금님의 눈에 보이지 않는 옷이었다. 사실 '아무것도 없는 옷'으로 임금님은 벌거벗은 상태였다. 그런데도 사람들은 이 사실을 무시하고, 임금님의 '멋진 옷'을 칭찬하기에 바빴다.

《벌거벗은 임금님》에 나오는 사람들의 모습에서 우리는 다원적 무지 현상을 볼 수 있는데 벌거벗은 사실을 말하지 못한 사람들처럼 고객들도 자신의 구매 동기를 솔직하게 말하지 않으려고 한다. 실제로 상품 구매 동기를 묻는 설문조사에서 대부분 고객은 솔직히 대답하기를 꺼렸다. 왜냐면 자신의 구매 동기를 솔직히 말하면 어느새 무심한 사람, 무심한 부모, 때로는 사회적으로 '나만 나쁜 사람'이 되기 때문이다.

이는 판매자도 마찬가지다. 그래서 고객에게 "어떤 상품을 원하세요? 왜 구매하셨나요?"라고 묻는 것 자체가 난센스(Nonsense)다. 아이들의 장난감을 방문판매하는 사원이 있었다. 그 사원은, 열심히 상품을 소개하고 장난감을 건넬 때 고객에게 물어보았다.

"왜 이 장난감을 구매하셨죠? 어떤 점이 마음 드셨나요?"

"아이의 성장과 발달 과정에 놀이가 중요하잖아요. 아이 건강을 생각했을 때 장난감 소재도 좋고요. 아이와 함께 시간 보내기에 최고 같아요. 무엇보다 아이가 원해서 샀어요."

과연 장난감을 구매한 고객의 진심이 100퍼센트 담긴 대답이었을까? 정말 솔직한 고객은 사원에게 이렇게 말했을 것이다.

"아이와 함께 있는 게 좋지만, 사실 제 개인 시간도 필요하고요. 계속 육아를 하다 보면 지쳐요. 저도 육아로부터 자유로워지고 싶어요. 아이와 함께 있지 못할 때 아이가 저를 찾지 않고 장난감을 갖고 놀 수 있을 거 같아서 샀어요."

둘 중 어느 대답이 맞는지는 당신의 판단에 맡기겠다. 하지만 육아를 직접 해본 경험이 있는 대부분 부모의 대답은 후자일 가능성이 크다. 물론 저마다의 사정 탓에 자녀와 시간을 보내지 못하는 부모가 무조건 나쁘지는 않다.

그러나 자신의 솔직한 심정을 말했을 때 혹시 '나쁜 부모'로 낙인이 찍힐까 봐 다른 이유를 둘러대기도 한다. 다시 한번 강조하지만, 고객들은 자신의 구매 동기를 솔직히 말하지 않는다.

이때 당신이 다원적 무지를 인식한다면 고객들이 말하는 정보를 그대로 받아들이는 실수를 피할 수 있다. 그렇다고 해서 고객의 구매 동기를 알아내는 걸 포기하라는 게 아니다. 다만 직접적이 아닌 간접적으로 알아내야만 효과가 있다.

*

나만의 차별성이 돈을 벌어준다.

고객에게 '싼값에 좋은 물건을 샀다'라는 느낌을 주는

판매자가 돈을 많이 벌 수 있다.

2

구매를 결정하는
고객의 심리를 활용하라

'어떻게 해야 고객이 상품을 사고 싶게 만들 수 있을까요?' 내가 가장 많이 듣는 질문이다. 결론부터 말하면 상품을 잘 판매하는 가장 효과적인 방법으로는 고객 심리를 이용하는 방법이 가장 좋다.

상품을 판매하는 행위는 '세일즈(Sales)', 판매 상품을 잘 포장하는 행위는 '마케팅(Marketing)'이다. 세일즈도 마케팅도 둘 다 중요하지만, 그에 앞서 고객의 구매 동기를 정확히 아는 게 더욱 중요하다.

앞 장에서 밝힌 것처럼, 고객의 구매 동기를 직접적으로 물어보기보다, 그들이 스스로 당신에게 구매동기를 자연스레 말하게 끔 해야 한다. 그들의 구매동기를 간접적으로 측정하는 방법을 아래에 소개하겠다.

투사 이론, 의식적 행동으로
잠재 동기를 알아챈다

투사(Projection) 이론이라는 심리학 용어가 있다. 투사란 자기 생각이나 욕구, 감정을 타인의 것으로 지각하는 것이다. 만약 상대방의 일그러진 모습이 보인다면, 그것은 내 모습이며, 그게 보인다는 것 자체가 나에게 같은 문제가 있다는 사실이다. 쉽게 말하면 사실은 자기 단점인데 그것을 다른 사람의 모습에서 발견하는 것이다.

심리학자들이 내담자를 대할 때 그들의 동기를 알아내는 방법으로 '투사 이론'을 많이 활용한다. 예를 들어 A는 B를 싫어한다. B에 대한 열등감과 미움이 가득하지만, 그 사실을 받아들이지 못한다(잠재의식). 누군가를 싫어한다는 것 자체가 다른 사람들에게 '못난 사람'으로 보일 테니 말이다. 그런데 A는 다른 사람들에게 B에 대해 이렇게 말한다.

"B는 왜 나를 미워하는지 모르겠어요. 아무래도 나에게 열등감이 있나 봐요."

A가 자신의 부정적 감정을 B에게 투사한 것으로, A가 자신의 감정을 숨긴 것은 사실 다른 사람에게 "나는 열등감이 있는 사람이야, 나는 화가 많은 사람이야"라고 스스로 밝히는 것이나 마찬가지다. 만약 누군가의 나쁜 모습이 보인다면 그것은 자기 모습이며, 그것을 본다는 것 자체가 자신에게 문제가 있다.

이것은 일종의 책임 회피다. 만약 당신이 A 같은 사람을 만난다면 그의 말을 곧이 믿지 말고, 그 너머를 인지할 수 있어야 한다. 이런 의식적인 행동으로 잠재적인 동기를 알아채는 방법은 마케팅에서도 활용할 수 있다. 당신이 고객을 프로파일링할 때는 반대로 당신의 감정을 투사시키는 것이 좋다.

한가지 예를 들겠다. 지인 중에서 당신에게 상담하는 사람이 있었을 텐데 그들의 첫마디는 대부분 비슷하다.

"사실 내 이야기는 아니고, 내가 아는 사람 얘기인데…, 만약 너라면 어떻게 할 거 같아?"

이런 식으로 말을 꺼내는 사람들은 본인의 이야기일 확률이 높다. 자기 치부를 드러내고 싶지 않아서 자기 이야기를, 자기 솔직함을 가상의 친구에게 투사한 것이다.

여기서 당신이 꼭 알아둬야 할 점이 있다.

▶ 고객은 자기 소망이나 욕망, 동기를 상품에 투사한다.

지금은 인스턴트커피가 대중화되었지만 처음 등장했을 때는 많이 팔리지 않았다. 인스턴트커피 맛이 원두커피보다 떨어져서 일까? 그런데 두 커피를 블라인드테스트한 결과, 대부분 인스턴트커피와 원두커피의 차이점을 구분하지 못했다. 그리고 인스턴트커피가 잘 안 팔리는 원인을 조사한 끝에 그 이유를 찾아냈다. 당시 사람들은 인스턴트커피는 게으르고 생활 습관이 엉망인 사람들, 즉 사회적 낙오자들이 먹는 것으로 인식했다.

이후 인스턴트커피 판매자들은 맛에 대한 고민이 아닌 고객 인식과 프레임 변화에 집중했다. '현대인들에게는 손쉽고 편하게 즐기는 인스턴트커피가 제격이다. 자기 관리를 잘하는 사람은 인스턴트커피를 마신다'라는 콘셉트로 마케팅한 결과, 인스턴트커피의 판매는 급증했다.

당신의 세일즈에 투사 이론을 대입해보자. 상품을 판매할 때, 즉 고객이 원하는 필요와 구매 동기가 있을 때 상대 고객을 지칭하지 말고 "그런 사람들도 있더라고요."라고 설명하는 것이다.

자동차 판매 영업사원의 예를 들어보겠다. 요즘 차량에는 '스마트 크루즈 컨트롤(Smart Cruise Control)' 옵션이 포함되어 있다. 자율주행, 속도 조절 등 다양한 기능으로 운전자의 편의를 제공하는데, 당신이라면 어떻게 설명하면서 자동차 판매를 할까?

A 고객님, 운전하실 때 스마트폰 자주 사용하시죠? 그럴 때는 자율주행 기능이 정말 좋습니다.

B 고객님은 안 그러시겠지만, 이 차를 사시는 분 중에는 자율주행 기능을 활용하는 사람들이 많습니다. 급한 회의가 있거나 가족들의 연락이 오기도 하고요.

과연 A와 B 중에서 누구의 설명이 고객의 마음을 움직일까? 만약 A의 설명을 듣는다면 "나는 운전할 때 스마트폰을 안 만져요. 내가 도덕적으로 잘못된 사람도 아니고… 안전하게 운전해야 하는데 혹시 사고라도 나면 가족에게 미안하고요"라고 말할 수 있다. 반면 투사 이론을 활용한 B 설명을 듣는다면 충분히 이해할 것이다.

이처럼 고객은 자신의 감정을 상품에 투사한다. 그러니 고객에게 구매 동기를 물어볼 때, 또 정확한 니즈를 물어볼 때, 무엇보다 상품을 설명할 때 상대 고객이 아닌 '다른 누군가'에게 고객의 감정을 투사해야 한다. 이 원리를 제대로 알고 있으면 당신의 세일즈는 반드시 성공할 것이다.

구매 행위보다
구매 동기에 집중하라

원래 구매 계획은 없었지만, 상품을 보고 구매한 경험이 누구나 있을 것이다. 이 경우 고객 자신도 왜 상품을 구매했는지 나중에 생각하는 경우가 많다. 우리는 보통 의식적으로 상품을 고르고 구매한다고 생각하지만, 실제로 연구 결과에 따르면 이는 사실이 아니다. 우리가 수행하는 결정의 70% 이상이 무의식적으로 발생하며 나머지 30%조차 의식적 결정이 자유롭지 못하다.

이런 무의식적 결정은 대부분 비합리적이다. 많은 고객이 자기 의지가 아닌 세일즈 마케팅의 영향을 받아 구매하는 게 현실이다. 겉보기에는 마케팅의 효과가 없어 보여도 막상 구매 순간이 오면 고객들은 마케팅의 각인 효과에 넘어가 상품 구매를 할 가능성이 크다.

인간의 뇌 속에 존재하는 감정 시스템은 크게 '균형(안전 지향, 가족 간 애정 등)'과 '자극(혁신, 도전, 예상치 못한 보상 등)', 그리고 '지배(자부심, 경쟁과 권력욕 등)' 세 가지로 이루어져 있는데 이 세 가지 감정 시스템을 통해 고객들이 어떤 느낌을 받느냐에 따라서 구매 동기와 행동으로 이어진다.

가치와 동기는 결코 분리할 수 없는 개념이다. 인간의 감정 시스템을 잘 파악하여 고객의 구매 동기를 알아냈다면, 그 요소가 무엇인지 분석해보자.

고객의 구매 동기 요소는 크게 두 가지다. 바로 '방향'과 '강도'이다.

동기 방향

고객이 보기에 상품 브랜드와 서비스, 콘셉트, 매장 분위기 등 모든 것이 '고객을 위해, 고객을 향해 열려있다'라고 느끼는 게 중요하다. 고객을 위한(향한) 방향이 전달되면 당신의 세일즈는 한결 편해진다.

동기 강도

고객이 상품 브랜드와 서비스, 콘셉트 등 모든 것에 만족해한다. 그런데 구매 결정을 고민한다. 이때 판매자가 동기 강도를 조절한다면 바로 구매까지 이어질 수 있다.

동기 강도를 높이는 데 두 가지 방법이 있다.

첫째, 구매 동기를 강하게 한다.

둘째, 가격 프로모션을 더 내린다.

다이어트를 고민하던 한 고객이 있었다. 우연히 TV 광고를 봤는데, 엄청 뚱뚱한 사람이 살을 빼는 과정이 멋지게 담겨있었다. 게다가 성공 후 날씬하게 변한 모습을 계속 노출했다. 그리고 더

해지는 한마디, 「사실 당신은 연예인보다 훨씬 더 멋있고, 예쁩니다.」 이를 본 고객은 바로 구매 동기 강도가 올라갔고 상품 구매까지 이어졌다.

당신도 상품을 구매하기까지 많은 생각과 고민을 한 경험이 있을 것이다. 나 역시 상품 구매를 망설인 적이 있다. 평소 관심 있는 브랜드였고, 마음에 쏙 든 옷이 있었다. 그런데 구매하기까지 망설여지는 요소가 있었다. 그렇게 일주일 정도 고민하다가 기억 속에서 사라졌다. 그러던 어느 날, 그 브랜드가 30% 세일을 한다는 문자를 받았고 당연히 고민할 것 없이 그 옷을 구매했다.

모든 사람은 누구나 상품을 사고 싶은 심리와, 상품을 갖고 싶은 욕망이 있다. 하지만 모든 조건이 충족되었더라도, 구매 동기가 충족되지 않으면 상품 구매까지 이루어지지 않는데, 이 상태에서 가격 프로모션을 제공하면 바로 구매가 이루어지게 된다.

무조건 가격을 내리라는 의미가 아니다. 가격을 내리기에 앞서 고객의 구매 동기를 불러일으킨 후 결정적 순간에 강도를 조절하라는 것이다.

잊지 말자.

▶ **구매 동기는 '방향'과 '동기' 두 가지 메커니즘으로 움직인다.**

만약 고객이 당신의 설명에도 아무 반응이 없다면 방향과 강도부터 점검하자. 방향은 항상 '고객을 향하여', 강도는 결정적일 때 '강할수록' 효과적이다.

당신이 상품을 팔 생각에 상품만 바라본다면 고객이 무엇을 원하는지, 또 어떤 걸 이해 못 했는지 알 수 없다. 고객 전문가로서 고객의 구매 동기를 파악해서 상품과 마케팅이 고객을 향해 있는지, 그리고 구매 결정까지 고객이 무엇을 망설이는지 알아내어 상품 판매까지 부드럽게 연결해야 한다.

이 장에서 내가 꼭 말하고 싶은 것은, 우리는 상품전문가가 아닌 '고객 전문가'가 되어야 한다는 점이다. 소비 분석의 핵심 주제는 상품이 아닌 고객에게 초점 맞춰져 있다. 당신 스스로 생각해보자. '이 상품을 많이 팔아야지'라며 상품만 바라보고 있지는 않았는지 말이다.

*

상품을 판매할 때 상품이 아닌 고객을 바라봐라.

우리는 상품전문가가 아닌 '고객 전문가'가 되어야 한다.

고객을 바꾸지 말고
나의 관점을 바꿔라

초등학교 시절, 나는 정말 소심한 학생이었다. 걱정거리도 많고, 말솜씨도 없었으며, 키도 큰 편은 아니어서 열등감에 휩싸였었다. 당시의 난 항상 남들을 부러워했다. 반에서 튀는 친구들, 자신감 있는 친구들, 학교 축제나 학예회 때 무대에 올라가 자신만의 끼를 보여주는 친구들이 부러웠다.

뒤돌아 생각해보면 나는 아무 노력도 하지 않은 채 마냥 부러워만 하며 살았고, 그렇게 아무것도 하지 못한 상태로 내 초등학교 시절은 흘러갔다. 아무런 변화 없이 6년을 보내고 중학교에 입학해서도 비슷한 생활을 하던 어느 날, 나는 충격적인 장면을 보았다. 별다른 끼도 자신감도 없어 보이던 한 친구가 학교 축제 때 무대에 올라 노래를 부르는 것이었다.

사실 노래를 잘 부르고 못 부르고는 중요하지 않았다. 그저 나와 다르게 자신감 있는 모습으로 무대에 서는 친구를 본 후 내 가슴속에서도 작은 뭔가가 꿈틀거리기 시작했다.

'저 친구가 하면 나도 할 수 있지 않을까?'

내가 나를 존중해야
남도 나를 존중한다

지금의 나를 보는 대부분은 나를 이렇게 생각한다. '잘 사는 집에서 태어나 유복한 어린 시절을 보냈고, 듬뿍 사랑받으며 자란 탓에 늘 밝은 성격에 긍정적일 것이다. 외모도 수려하니 자신감도 넘쳤을 것이고, 그만큼 남들 앞에서 자기표현과 말도 잘했을 것이다.' 미안하지만 전부 사실이 아니다. 아니, 완전 정반대의 모습이 나였다.

이 책에서 나는 나의 '진짜 모습'을 솔직하게 밝히고 다룰 것이다. 그래서 이 책을 읽는 모든 분이 '아, 이랬던 김민성도 했다면 나도 충분히 할 수 있다.'라고 생각하며 자존감과 자신감을 가졌으면 좋겠다.

앞서 말한 무대에서 노래 부른 친구에게 찾아가 물어봤다.

"넌 어떻게 자신 있게 무대에 올라갈 생각을 했어? 노래 부르는 게 좋아?"

그러자 친구는 이렇게 말했다. '내가 노래 부르는 걸 좋아한다는 사실을 알았어. 그뿐이야.' 그 친구는 자기가 노래 부르는 걸 좋아한다는 사실을 깨닫고는 마치 재미있는 드라마를 보듯이 노래 연습을 한 후에 무대에 올라갔던 것이다. 그 친구에게는 노래를 잘 부르는지 못 부르는지의 여부도, 자기를 지켜보는 다른 사람도 중요하지 않았다. 오로지 본인의 행복에 집중했다. 여기서 당신에게 묻겠다.

'당신은 당신이 하는 일을 좋아하는가?'
'당신의 일을 진심으로 재미있어하는가?'
'아니면 하기 싫은데 억지로 하는 것은 아닌가?'
'혹시 고객을 만날 때 싸우러 간다고 생각하는 건 아닌가?'

당신이 만나는 고객들이 당신을 존중하지 않는 이유는 아주 간단하다. 당신 스스로 자기를 존중해 주지 않기 때문이다. 다시 한번 생각해보자. 과연 당신이, 당신의 일을 그저 돈벌이를 위한 노동으로 생각하지 않았는지를 말이다.

▶ 내가 나를 존중해야 남도 나를 존중하며,
　지금의 나에게 먼저 집중해야 고객도 나의 말을 듣는다.

그 친구와 대화를 나눈 그때부터 나는 나만의 꿈을 꾸기 시작했다.

'나는 인기 많은 사람이 될 거야.'
'나는 스타가 되기 위한 과정에 있어.'
'도대체 얼마나 행복해지려고 이런 시련이 내게 왔을까?'

내 성공과 행복의 이유는 남들이 믿지 않는 것을 굳건히 믿고 따른 것에 대한 보상이다. 다른 사람이 보기에는 다소 허무맹랑해 보일 수도 있겠지만, 나는 오로지 나에게 집중했다.

과정 중 겪는 어려움 속에서도 수지타산을 따지지 않고 긍정적인 의미 부여로 나만의 꿈을 이루고자 노력했고, 포기할 수밖에 없는 수많은 상황에서도 결코 포기하지 않았다. 그뿐이다.

미러링 효과, 고객에게
좋은 말만 하면, 좋은 말만 듣는다

인생의 큰 목표를 세우고, 그 목표는 이뤄진다고 믿으면 반드시 현실에서 이뤄진다. 이때 필요한 것은 '좋은 말'이다. '좋은 말은 인생을 바꾼다'라는 말이 있는 것처럼 '오늘'은 어제 내가 한 말의 결과고, '내일'은 오늘 내가 하는 말의 결과이다.

나는 그 친구의 영향을 받은 순간부터 줄곧 '좋은 말'만 했다. 많이 웃으려 노력했고, 남들에게 칭찬을 많이 했다. 그리고 말하는 내내 '긍정의 언어', '칭찬의 언어', '행복의 언어'만 사용한다는 걸 느꼈다.

말에는 인격은 물론 그 사람이 세상을 대하는 태도가 담겨있다. 그 사람이 누구인지 알려면 얼굴을 볼 게 아니라 먼저 말을 들어봐야 한다.

> ▶ 말(言)은 나를 드러내는 도구이자 상대방에게 존중받기 위한
> 무기이다.

당신도 지금부터 입 밖으로 '좋은 말'만 사용해보자. 어떻게 시작해야 할지 모르겠다면 하루 동안 내가 무슨 말을 하는지 녹음해보자. 스스로 인지하지 못하지만, 일상에서 우리는 자신도 모르

게 수많은 비속어와 부정적 언어를 사용한다.

이 글을 읽는 여러분 중에서도 '좋은 말이 자존감과 무슨 관계지?'라고 생각할 수도 있을 것이다. 고객을 상대하는 여러분도 여러분과 만나는 고객도 결국 같은 사람이다. 사람은 함께 있는 사람의 영향을 받는데, 옆 사람이 하품하면 나도 하품을 하는 것처럼 상대방이 욕을 하면 나도 욕을 하게 된다.

심리학에선 이것을 미러링 효과(Mirroring Effect)라고 하는데 사람들이 무의식적으로 상대를 흉내 내는 현상이다. 이런 미러링 효과는 비즈니스 상황에서도 활용하는데, 실적 향상이나 승진에 효과를 발휘하게 할 수도 있다.

예를 들어 당신이 고객에게 욕하는 모습을 보여주면, 그 고객은 욕하는 사람이 될 것이다. 반대로 당신이 고객에게 칭찬과 '좋은 말'만 한다면, 그 고객도 당신을 칭찬하고 '좋은 말'만 할 것이다. 따라서 좋은 말을 사용하는 것은 고객 관리의 기본이다.

이때 중요한 사실은 당신이 누군가에게 어떤 말을 할 때 그 말을 가장 먼저 듣고, 가장 큰 영향을 받는 사람은 그 말을 꺼낸 당신 자신이라는 것을 인지해야 한다는 것이다. 이것을 '자기 충족 예언(Self-fulfilling Prophecy)'이라고 하는데, 이것은 일반적인 예언이 아닌 미래에 대한 예상이나 예언을 뜻한다. 즉 평소에 내가 하는 말이 모여서 '나의 모습'이 된다는 것이다.

평소 긍정적인 말을 한다면 긍정이 우리의 생각과 행동에 영향을 줄 뿐만 아니라 주변에도 영향을 끼친다. 그러니 지금 당장 긍정적인 생각으로 좋은 말, 즐거운 말을 사용하자. 즐거운 표정을 짓고, 즐거운 행동만 해보자. 이 모든 긍정적인 표현들은 당신이 더 나은 인생을 살 수 있게 도와줄 것이다.

*

욕하면 욕하는 자리에만 초대받고,

칭찬하면 칭찬하는 자리에 초대받습니다.

이것이 고객을 선택할 수 있는 방법입니다.

고객은 왜
나를 무시하는 걸까?

　나의 첫 직장은 보험회사였다. 중고등학생 시절부터 대학 생활 내내 무용만 하던 내가 비교적 쉽게 취업해서 할 수 있었던 일이 보험 영업사원이었다. 그런데 보험 영업사원의 이직률은 무척이나 높았다. 누구나 쉽게 시작한 만큼 쉽게 그만두는데, 가장 큰 이유는 보험 영업을 한다는 이유만으로 사람들이 쉽게 무시하고 피하기 때문이다.

　실제로 내가 처음 보험회사에 다닐 때 주변 사람들이 농담 반 진담 반으로 한 말이 있다.

　"조폭이나 건달들도 보험 영업사원은 피해 다녀요."

그만큼 보험 영업사원에 대한 인식은 매우 안 좋았고, 참석하는 모임에서조차 천대받았다.

무시하려는 사람들에게
무시당하지 않는 방법은?

꽤 지난 일이지만 아직도 기억에 남는 사건이 있다. 친한 초등학교 동창의 결혼식을 갔을 때 일이다. 진심으로 친구를 축복하는 마음으로 말끔하게 정장을 차려입고 갔는데, 한 친구가 "너 여기까지 약 치러 왔냐?"라고 말하는 게 아닌가? 그 친구는 나를 친구 결혼식까지 보험을 팔러 온 영업사원으로 생각한 것이다.

10년이 더 지난 일이지만 지금도 또렷하게 기억할 만큼 그 친구의 말은 내게 큰 상처였다. 그날은 도저히 맨정신으로 지나갈 수 없었고, 혼자서 소주를 한 잔 마시며 '보험을 때려치울까?' 진지하게 고민했었다.

그런데 또 다른 관점에서는 '내가 보험 파는 사람으로 인식됐으니 앞으로 날 만나는 사람들은 보험부터 떠올리겠구나' 생각이 들었고, '이왕 시작한 일, 나에게 호기심을 가지게 만들자.'라고 다짐했다.

그때부터 나는 나만의 방법을 찾기 위해 궁리하기 시작했다.

'어떻게 하면 보험 영업사원이라는 이유로 무시 받지 않을 수 있을까?'

'보험왕들이 고객의 환영을 받는 이유는 과연 무엇일까?

보험영업을 한 2년 동안 나는 고객이 나를 무시하지 않는 방법을 연구하며 온전히 나에게 집중했다. 내가 무시당하는 이유를 먼저 알아야 문제를 해결할 수 있을 것 같았다.

모든 관계는
첫인상으로 결정된다

상대방의 외모나 지위, 직업만 보고 그 사람을 평가하는 것을 '후광효과(Halo Effect)'라고 한다. 만약 영업사원이 '을'의 입장이라면 당연히 안 좋은 인상으로 고객에게 인식될 것이다. 이런 상태에서는 누가 아무리 어떤 좋은 말을 해도 '뭐야, 내게 뭘 팔아먹으려는 거네, 이러다가 보험 가입하라고 하는 거 아니야?'라는 식으로 안 좋게 생각해버린다.

나에게 비호감을 갖고 있는 고객에게 활용할 수 있는 방법이 있다. 상대방이 느끼는 나의 인상을 통제할 수 있다는 이론인 '인상 조작(Features Fake)'을 활용하는 것이다.

미국의 사회심리학자 헤럴드 켈리(Harold Kelley) 교수는

UCLA에서 심리학 강의 전 학생들에게 다음과 같은 실험을 했다. 학생들을 A, B 두 그룹으로 나누어 자신을 소개했는데, A그룹에는 자신을 '온화한 사람', B그룹에는 '냉혹한 사람'이라고 설명했다.

그리고 그는 강의 후 학생들의 평가문을 받았는데 A그룹은 그를 긍정적으로 평가했지만, B그룹은 놀랍게도 교수 만족도가 현저히 낮았다. 이것이 바로 상대방에게 주는 인상을 통제할 수 있다는 '인상 조작(Features Fake)' 이론이다.

당신도 이를 활용해 고객을 대하기 전에 먼저 당신이 원하는 인상을 심어주도록 하자. 당신의 인상을 마음대로 만들 수 있는 SNS를 잘 활용하여 성실하고, 인기가 많은 사람인 것처럼 보이는 방법이 있다.

실제로 〈삼국지〉에 등장하는 인물 중 천재 지략가로 알려진 제갈공명은 유비가 본인을 찾아왔을 때, 인상 조작 이론을 활용했다. 주변 아이들에게 '와룡 노래'를 부르게 했고, 농사일하는 어르신들에게 자신을 '와룡 선생'이라 부르게 한 것처럼 말이다.

어찌 보면 최초의 브랜드 마케팅인 셈이다. 이런 이유로 유비는 본인보다 스무 살이나 어린 제갈공명을 세 번이나 찾아갔다. 이처럼 자신을 좋은 사람으로, 긍정의 사람으로, 실력 있는 사람으로 알리려는 노력은 선택이 아닌 필수다.

고객의 선택,
'8초의 법칙'을 활용하라

현대인의 집중력은 얼마나 될까? 놀랍게도 고작 8초라고 한다. 이 수치는 2015년 마이크로소프트 캐나다 연구팀이 실제 발표한 자료다. 현대인은 인터넷과 스마트폰 등으로 언제 어디서든 원하는 정보를 쉽게 얻을 수 있는 데, 하루에도 수없이 쏟아지는 정보가 인간의 집중력 저하를 가져온 것이다.

참고로 금붕어의 기억력 지속 시간은 9초로 인간의 집중력은 금붕어만도 못한 셈이다.

그렇다면 고객의 집중력은 얼마나 될까? 이것은 당신의 노력에 따라 달라질 수 있다. 당신이 최선을 다한다면 고객의 '주의 지속 시간'은 올라갈 것이며, 그 반대라면 8초 이하일 것이다. 고객이 나를 무시하지 않고 내게 집중하게 하려면, 내가 먼저 호감 가는 행동을 하거나 혹은 먼저 줄 것이 있어야 한다.

당신이 원하지 않는 강의를 듣는다고 가정해보자. 그 시간이 잘 흘러갈까? 아마 1분 1초가 지옥 같을 것이다. 반면 너무나도 재미있어서 꼬박 한 주를 애태우며 기다린 드라마를 본다면 그 시간이 쏜살같이 지나갈 것이다. 이것은 객관적인 시간(Clock Time)과 심리적인 마음 시간(Mind Time)이 다르기 때문이다.

고객이 당신을 상대하는 그 시간이 지루한 시간인지, 설레는 시간인지 따져봐야 한다. 당신을 무시하고 집중해주지 않는 고객의 심리를 분석해보면 지루하고 따분한 시간으로 인식해서 그럴 것이다. 당신이 반드시 기억해야 할 사실은 다음과 같다.

▶ **고객이 당신을 무시하는 건 당신에게 배울 것, 받을 것,**
즐길 것이 없어서다.

그럼 어떻게 하면 순식간에 고객들이 당신의 이야기에 귀 기울이게 할 수 있을까? 앞서 말한 것처럼 인간의 집중력(기억 지속력)은 8초에 불과하다. 이 말은 더는 정보를 원하지 않는다고도 볼 수 있으며, 이제는 '정보(information) 비즈니스'가 통하지 않는다. 즉 지금은 '관심 끌기(intrigue) 비즈니스'를 해야 하는 시대이다.

그런데 큰 노력을 하지 않아도 고객의 관심을 끌 수 있으며, 당신을 매력적이고 없어선 안 될 사람이 될 수 있는 쉽고도 확실한 방법이 있다.

재미있는 일화를 하나 소개하겠다.

보험영업을 시작한 지 얼마 안 된 영업사원이 있었다. 마땅히 찾아갈 곳도, 만날 사람도 없었던 그는 어느 날, 한 사교 모임에 참석했다. 처음이라 어색하게 자리에 앉아 주변을 살펴봤는데 유독 한 사람이 눈에 띄었다. 나이가 지긋한 신사로 피부가 검붉게

타 있었다.

그 모습이 궁금했던 영업사원은 신사에게 질문했다.

"혹시 어디로 여행 다녀오셨나요?"

그러자 "세부에 다녀왔습니다"란 답변을 시작으로 영업사원과 신사는 한 시간 반 정도 이야기를 나누게 되었다. 그리고 대화가 끝날 무렵, 영업사원은 전혀 예상하지 못한 말을 신사에게 들었다.

"당신은 말을 정말 재미있게 잘하시네요.

보험설계사라고 하셨죠? 다음에 저도 상담해 주세요."

사실 이 영업사원에게 특별한 능력이 있지는 않았다. 그저 "그럼 세부에서 스쿠버다이빙을 하셨나요?"라는 식의 한마디를 거들었을 뿐이었는데, 이 한마디에 신이 난 신사는 본인 이야기를 무려 한 시간 반 동안 한 것이다.

▶ 사람들은 자신의 취미를 이야기하면서 반드시 자신의 성격, 그리고 '소비 성향'을 노출한다.

만약 당신이 고객이 노출한 소비 성향을 응용해 세일즈를 한다면 거북하지도, 지루하지도 않게 계약까지 이어질 수 있다. 그러나 고객이 당신에 대한 호감이 없다면, 굳이 당신의 세일즈 이야기를 들어줄 이유가 없다. 그런데도 당신이 고객을 만났을 때

고객의 이야기를 듣지도 않고, 본인의 이야기만 속사포처럼 쏟아 붓는다면, 고객이 여러분을 무시하는 건 너무나 당연하다.

거듭 강조하지만, 고객이 당신을 '영업사원'이라는 이유만으로 무시하는 건 결코 고객의 잘못이 아니다. 당신이 고객의 이야기나 상황, 여건을 들어보지 않았거나 그들이 여러분과 대화할 이유를 못 심어주어서이다.

그러니 앞으로 고객을 만나면 '무슨 말을 어떻게 할지' 고민하지 말고, 먼저 고객이 무슨 말을 하고 싶은지, 또 원하는 질문이 무엇인지, 평소 어떤 생각을 품고 있으며 좋아하는 주제가 무엇인지 등 고객의 성향을 파악하는 걸 우선순위로 생각해야 한다.

이 과정을 거친다면 당신의 고객은 마치 엄마에게 자기 이야기를 늘어놓는 아이처럼 숨겨놓았던 솔직한 이야기를 하며 마음의 문을 열 것이다.

*

말투은 선물하듯이 해라.

내가 하고 싶은 말이 아닌 상대방이 듣고 싶은 말을 해야 한다.

고객의 욕망^{wants}와 필요^{needs}가 고려되지 않은 선물만큼

쓸모 없는 선물은 없다.

5

세일즈 잘하는 사람은
이렇게 말한다

앞서 말했듯이 학창 시절의 나는 열등감 덩어리였다. 소위 잘 나가는 친구들에 비해 그저 그런 평범한 생활을 했었고, 남들에게 주목받지도 못했으며, 뭐 하나 제대로 이룬 게 없었다.

'왜 친구들은 내 이야기를 들어주지 않을까?'

'왜 나를 자기들 모임에 초대해 주지 않을까?'

이런 생각에 빠진 나는 하루하루 열등감과 패배 의식에 사로 잡혀 있었다. 그러다가 나처럼 소심했지만, 자신이 좋아하는 것을 깨닫고 자신감 있게 축제 때 무대에 올라 노래를 부른 친구를 보며 처음으로 '나도 변하고 싶다'라고 느꼈다. 소심하고 내향적인 성격인 나였지만, 나도 남들 앞에 당당히 서서 말하고 싶었다.

열등감,
연습이 완벽을 만든다

사람이 가장 발전하기 좋을 때는 남들과 비교하며 열등감을 느낄 때란 말이 있다. 때로는 열등감이 강한 동기부여가 되기도 한다. 나도 모두가 따르는 인기인이 되고 싶었고, 그들에게 영향력 있는 사람이 되고 싶었다. 물론 '변하겠다'라고 마음은 먹었지만, 어디서부터 무엇을 시작해야 할지 막막했다.

하지만 여전히 거울 속에 비친 내 모습은 겁이 많았고, 나는 그런 나 자신이 싫었다. 이런 나를 극복할 수 있었던 계기는 친누나 덕분이었다. 당시 누나는 무용부 활동을 했는데 누나도 축제 때 무대에 올라서 마음껏 기량을 뽐냈었다. 나는 누나에게 무용부에 어떻게 들어가는지 물어봤다. 누나의 답변은 아주 단순했다.

"남자는 귀한 편이라 들어오기 쉬워."

나는 바로 엄마에게 달려가 "무용을 하고 싶다"라고 말했다. 내 말에 엄마는 적잖게 당황하셨지만, 그래도 소심하기만 했던 막내아들이 하고 싶은 게 생겼다는 사실에 기뻐하셨다. 하지만 무용을 배우는 데 드는 비용은 만만치 않았고, 집안 형편도 좋지 않은

편이라 걱정하는 눈치였다. 나는 "취미로 하면 큰돈이 들지 않는
다"라고 엄마를 안심시키며 무용부에 들어갔다.

만약 내가 '남자가 무슨 무용인지, 비전은 있고 돈은 많이 벌
수 있는지' 등 걱정만 했더라면 지금의 나는 여기까지 올 수 없었
을 것이다.

그렇게 무용 수업을 시작하면서 내 머릿속에는 온통 '자신감
있는 사람이 되고 싶다, 인기 많은 사람이 되고 싶다'라는 목표뿐
이었다. 그러나 무용을 배우는 과정은 순탄하지만은 않았다. 난생
처음 몸에 쫙 달라붙는 타이즈를 입고, 부끄러운 동작을 따라 해
야만 했다. 하지만 마음속으로는 행복했다.

'소심하기만 했던 내가 이렇게 움직이고 있다니…' 스스로 생
각하기에도 나의 변화되어 가는 모습에 놀라는 한편으로 내가 자
랑스러웠다. 처음에는 어색했던 동작들도 계속 반복하니 나중에
는 자다가 일어나도 몸이 기억하고는 저절로 움직여질 정도였다.

무용을 배우면서 내가 깨달은 것은 딱 하나이다. '자신감도, 남
을 설득하는 능력도, 글쓰기나 영어처럼 연습에 비례한다'라는 점
이다. 처음부터 세일즈를 능숙하게 잘하는 사람은 없다. 뭐든지
얼마나 노력하는지에 따라 달라지기 마련이다.

한번 생각해보자. 당신은 과연 고객을 만나기 전에 얼마나 자
기 말투와 표정, 행동을 연습하는가? 한 연구 결과에 따르면 인간
의 뇌는 멀티태스킹(Multitasking)이 불가능한 구조로 되어 있다

고 한다. 스마트폰 등 기술의 발전으로 우리는 동시에 많은 것을 할 수 있다고 여기지만, 그렇게 보이는 것일 뿐 실제로는 단 하나도 제대로 하지 못하는 삶을 살아가고 있다.

한 번에 하나만 할 수밖에 없다면, 당신이 시작해야 할 것은 연습뿐이다. 만약 연습이 안 된 상태로 고객을 맞이하면 당신은 예측할 수 없는 고객의 행동과 패턴을 인식하고 처리하기 위해 무수히 많은 에너지를 쏠 수밖에 없다. 그러면서 실수하게 되고, 원래 당신의 실력에 비해 현저히 낮은 수준의 설명을 고객에게 하게 된다.

그럼 결과는 불 보듯 뻔하다. 고객은 당신의 설명을 전혀 들어주지 않을 것이다. 이런 결과를 자신에게 스스로 물어본다면 '고객이 왜 나의 설명을 들어줘야 할까?'가 된다.

왜 고객이 나의 설명을 들어야 하는지, 그 고객의 성향은 무엇인지, 시간대마다 고객의 성향은 어떻게 달라지는지, 남자 고객과 여자 고객의 차이는 무엇이며 어떻게 그들을 대할지 등을 고민해보자.

대화,
고객과의 시작점이다

고객과의 관계를 만들어 갈 때 가장 중요한 핵심은 고객과의 대화다. 대화를 통해서 당신은 고객과의 연결점을 찾을 수 있으며, 만약 당신이 상품 판매에만 집중한다면 고객을 다시 만날 연결점이 없다.

반드시 기억해라!

▶ 대화는 고객에 대한 관심이며 좋은 관계 형성을 위한
  출발점이다.

그렇다. 대화는 고객과의 시작점이다. 그런데 고객은 예민하다. 특히 당신에게 큰돈을 투자하는 고객일수록 당신의 단점은 무엇인지 찾아내는 프레임으로 끊임없이 당신을 관찰한다.

그렇다면 어떻게 고객과 좀 더 만족스럽게 대화할 수 있을까? 펜실베니아대학 의대 앤드류 뉴버그(Andrew B. Newberg) 박사는 이렇게 말한다.

> "말(言)을 현명하게 선택해라. 왜냐면 행복, 관계, 그리고 자신의 풍요로움에 영향을 미칠 테니까."

한마디 말이 행동보다 중요할 때가 많다. 말은 춤과 같다. 생전 처음 듣는 음악에 맞춰 춤을 추면 어색하다. 하지만 내가 꾸준히 연습했던 음악이 나온다면, 자연스럽게 물 흐르듯 춤출 수 있

으며 동시에 자신감도 생길 것이다.

그러니 고객의 마음을 얻기 위해 지금 바로 당신이 시작할 것은 '말 연습'이다. 머릿속에 상황별로 어떤 목소리를 낼지, 어느 톤으로 말할지 등을 세세하게 상상하며 준비하자. 사람은 심리적으로 자신이 익숙한 환경에 있을 때 더욱더 자기 실력을 발휘할 수 있다.

운동경기에서도 원정경기보다 홈 경기가 더 편한 것과 같은 맥락이다. 설령 지금은 실력이 부족하더라도 끊임없는 반복 연습과 수많은 리허설을 한다면 장소가 어디든, 또 어떤 어려운 상황에서든 고객에게 편안하게 말할 수 있을 것이고, 또 그런 당신에게 고객은 귀 기울이며 집중해서 듣기 시작할 것이다.

*

보통 사람들보다 더 깊게, 더 넓게 보는

능력이 있는 사람이 큰 부자가 될 가능성이 크다.

당신의 고객은
아군인가? 적군인가?

내가 보험영업을 할 때 가장 궁금했던 두 가지가 있었다.

'어떤 고객은 왜 나를 적대시하는 걸까?'

'또 어떤 고객은 왜 내게 늘 감사하다고 하는 걸까?'

심지어 "선생님, 보상받게 해주셔서 감사합니다. 덕분에 정말 잘 풀렸습니다"라고 말하는 고객이 있는 반면에 처음부터 문전박대하고, 내가 돈을 떼먹거나 이득을 보려는 것으로 오해해 마치 나를 적처럼 대하는 고객도 있었다.

영업사원에게 전자가 '아군'이라면 '후자'는 적군이다. 나는 똑같은 영업사원 '김민성'인데 왜 이렇게 고객은 상반된 관점을 보이는 걸까? 곰곰이 생각해본 결과 정답은 '나의 태도'였다.

고객과의 소통,
비언어적 소통을 활용하라

사람은 똑같은 언어라도 다르게 표현할 수 있는 능력이 있다. 이를 '비언어적 소통(Nonverbal Communication)'이라 하는데, 말이 아닌 몸짓(표정, 눈빛, 손짓, 발짓, 자세, 태도, 복장, 헤어스타일, 인사)으로 자기 의사나 감정을 전달하는 것이다. 신기한 건 언어적 소통은 거짓말을 할 수 있지만, 비언어적 소통은 언어적 소통보다 더 정직하다.

당신도 고객을 문자나 카톡만으로 상대하지는 않을 것이다. 직접 만나서 서로 표정이나 감정, 느낌을 전달할 때도 있고, 직접 만남이 어려우면 전화 통화를 하며 음성으로 감정을 전달하면서 고객과 소통할 것이다.

바로 비교해보겠다. 온갖 찌푸린 인상에 한숨을 쉬면서 "고객님, 환불해 드릴게요"라 말하는 A 판매자와, 미안한 표정과 죄송함이 담긴 태도로 "고객님, 환불 원하실까요? 바로 해드릴게요. 제가 더 꼼꼼하게 살펴봤어야 했는데, 죄송합니다"라 말하는 B 판매자가 있다. 당신이라면 A와 B 판매자 중 누구에게 마음이 가는가?

또 누가 나를 도와주는 아군일까?

▶ 상대방이 나를 어떻게 받아들이는지는
　 당신의 태도에 달려있다.

내가 항상 출퇴근할 때 보는 수첩에 메모한 말 중 '기분이 태도가 되지 않게 하라'는 문장이 있다. 나의 기분이 태도가 되는 순간, 내 기분이 월급이 되고 매출이 된다. 메라비언의 법칙이라는, 커뮤니케이션 이론이 있다. 이는 '의사소통의 93%는 비언어적 부분이고, 오직 7%만이 언어적'이라는 이론이다. 따라서 여러분은 상대방과 언어적 소통을 하면서 비언어적인 표정, 눈빛, 태도 등을 관찰해야 한다. 언어적 표현보다 비언어적 표현에 상대방의 진정한 표현이 있을 수 있다.

어떤 영업사원은 자기 판매력이 낮은 이유로 외부 환경 탓을 한다. 그러나 외부 환경은 영업사원 누구에게나 같은 조건이다. 연 180억 매출을 올리는, 국내 최고의 딜러 '카준형'은, 고객들 스스로 찾아오는 영업사원이다. 그가 그렇게 될 수 있었던 비법은 외부 환경, 즉 '성공하기 힘든 외부 요인'을 처음부터 기본값(Default)으로 설정하고, 그 상황에서 노력해 얻어낸 결과다.

그렇다면 고객을 아군으로 만드는 방법은 과연 무엇일까? 예를 들어 설명하겠다. 어느 날, 당신의 아이가 몹시 아파서 병원에

데려갔다. 그런데 진찰하던 의사가 당신에게 이렇게 말한다.

"엑스레이 검사 말고 CT 촬영도 해보는 게 좋겠어요. 이 검사는 조금 비싼데 그래도 해보시는 게 좋지 않을까요?"

이때 "이 돌팔이 의사야! 누구 마음대로 검사를 해? 검사하지 마!"라고 말할 수 있는 부모가 과연 있을까? 오히려 "의사 선생님 말씀대로 검사해주세요. 꼼꼼하게 진찰해주세요!"라고 부탁할 것이다. 그런데 당신의 자동차가 고장이 났다. 근처 정비소에 들어갔는데 처음 보는 정비사가 당신에게 설명한다.

"자동차 바퀴만 문제가 아니에요. 엔진오일도 봐야 하고, 다른 곳도 다 봐야 합니다."

그럼 당신은 어떠한가? 십중팔구 '이 사기꾼이 나한테 뭘 더 팔아먹으려고 하네?' 생각하며 정비사를 장사꾼으로 여길 것이다.

의사처럼 행동하면
의사처럼 대우받는다

앞의 두 예시에서 당신이 알아야 할 것은 무엇일까? 이것은 내가 보험 영업을 하며 연구한 끝에 얻은 사실이다. 영업사원 '김민성'은 똑같은데 어떤 고객은 날 무시하고, 또 어떤 고객은 나를 신뢰한다. 그 차이점을 어떻게 활용할 것인가?

'의사의 관점으로 행동하라(From the doctor's Point of view)'는 말이 있다. 당신이 의사처럼 행동하면 의사처럼 대우받는다는 의미다. 누구나 아파서 병원에 간 적이 있을 것이다. 만약 진찰받을 때 의사가 당신에게 아무것도 묻지 않고 대뜸 "팔을 치료해보시죠"라고 말한다면 아마 그 자리를 박차고 나올 것이다.

물론 현실에서 이런 일은 거의 없다. 대개 의사들은 "어디가 불편해서 오셨나요?"라고 먼저 묻고 당신의 이야기를 충분히 들은 후 진찰한다. 또 필요시 치료나 수술을 제안하기 마련이다.

당신은 어떠한가? 판매하려는 상품의 정보나 기능, 설명 등을 달달 외운 후 상대 고객의 이야기는 듣지도 않은 채 계속 여러분의 이야기만 하지 않았는가? 고객은 TV가 필요 없는데 계속 TV 기능을 설명하거나, 결혼하지 않은 미혼 고객에게 필요가 없는 종신보험 가입을 권유하지 않았는가? 고객의 필요는 아랑곳하지 않고, 또 고객의 이야기는 무시하며 내 이야기만 한다면 절대로 그 고객은 여러분의 편이 되지 않는다.

> ▶ 사람들은 자기 이야기를 하면서 자신의 감정, 취미, 소비 습관,
> 자기 가치관 등을 이야기한다.

이점을 잘 파악하여 의사가 환자에게 '어디가 아파서 오셨어요?' 묻는 것처럼, 먼저 고객의 니즈를 알 수 있는 질문들을 해보자.

'자동차를 구매할 때 무엇을 중요하게 보시나요?'

'보험에 대해 고민한 적이나 가입했다가 해약한 경험은요?'

'이 상품을 어떻게 생각하세요? 혹시 이 상품을 싫어하세요?'

이처럼 상대방의 이야기를 물어보면, 상대방은 자기 이야기를 술술 하면서 자신도 모르게 자신의 약점까지 이야기하고 만다. 이것을 '세일즈 약점'이라고 하는데, 요즘 내가 좋아하는 것과 싫어하는 것, 관심 두는 것 등 자신의 셀링 포인트(Selling Point)를 모두 말해준다. 그러면 당신은 고객의 셀링 포인트에 맞춰 설명하면 된다.

예시를 들어보겠다.

판매자	고객님, 혹시 보험 가입하셨어요? 아니면 해지하셨나요?
구매자	사실 엄마 소개로 가입은 했는데, 제대로 설명도 못 듣고 그냥 가입했어요. 그런데 언제까지 내 돈이 나가는 걸 엄마가 관리하는 것도 싫고요. 그래서 해약하려고요.

이런 고객의 대답에 당신은 어떻게 설명하겠는가?

"고객님, 말씀이 맞습니다. 보험 해지를 가장 많이 하는 분들 대부분이 '내가 어떤 보장을 받는지도 모르는 상태에서 돈만 나가는 경우'이고요. 그다음이 '내가 돈 쓰는 걸 부모에게 알리고 싶지 않은 경우'가 많습니다.

아무리 가족이어도 내 돈은 내가 관리하고 싶은 게 맞습니다. 혹시 고객님께서 원하신다면 지금 가입하신 보험에 어떤 보장이 있는지 설명해드려도 될까요? 제 설명을 듣고 고객님이 가입하려고 하는 것과 맞지 않으면 해약하는 게 맞는 것이고요."

이 대화의 핵심은 먼저 고객의 이야기를 듣고 필요를 파악한 후 '상대방(고객)의 언어'로 이야기한다는 것이다. 이것이 바로 영업사원이 의사 선생님처럼 대우 받으며 소통할 수 있는 방법 중 하나다.

당신은 상대방의 필요를 제대로 묻지도 않고 준비한 설명만 말하려고 하지 않았나? 그러면 바로 장사꾼이나 사기꾼 소리를 듣기 십상이다. 당신 자신을 고객으로 생각한다면 대답은 훨씬 쉽다. 당신이 옷을 살 때 당신의 몸에 맞는 옷 스타일링을 해주는 패션스타일리스트에게 옷을 사고 싶은가? 아니면 그냥 옷을 판매하는 점원에게 사고 싶은가?

다시 한번 질문하겠다. 여러분은 보험을 파는 보험설계사인가? 아니면 상대방의 보장분석을 해서 전반적인 재무설계를 해주는 재무설계사인가? 혹은 상대방에게 그냥 물건을 파는 장사꾼인가? 아니면 상대방이 물건을 살 때 실패하지 않도록 정보를 주고 도움을 주는 그 분야의 전문가(컨설턴트)인가?

여러분 스스로 물어보고, 왜 여러분을 고객이 아군으로 대하는지, 또는 적군으로 대하는지 고민할 필요가 있다.

*

바로 실천하지 않는 아이디어는 쓰레기다.
세상에서 가장 뛰어난 아이디어가 있어도
행동으로 옮기지 않으면 아무짝에도 쓸모가 없다.

상대방을 대하는 태도가
모든 것을 결정한다

자, 그럼 지금부터 고객을 나의 아군으로 만들 수 있는 태도, 즉 심리학적인 스킬을 여러분에게 소개하겠다.

먼저 반드시 명심할 것이 있다.

▶ **고객에게 한 실수는 빠르고 솔직하게 바로바로 인정한다.**

고객에게 좋은 이미지(일 잘하는 이미지)를 보여주려다가 도리어 실수나 실패를 한 경험이 있을 것이다. 이때 중요한 것은 본인의 실수를 포장해서는 안 된다. 고객은 이미 당신이 실수한 사실

을 알고 있다.

그런데도 완벽하게 내 실수를 티 안 나게 포장하려다 보면 오히려 역효과가 나는 일이 많다. 그럴 바에는 솔직하게 "고객님, 제 실수입니다. 이 부분은 솔직히 잘 모릅니다. 대신 다음에는 정확하게 알아보겠습니다"라고 말하는 게 좋다. 고객은 당신의 이런 태도를 보고 '최소한 이 사람은 실수할 수는 있겠지만, 나에게는 솔직한 사람이다'라고 느낄 것이다.

두 번째 명심할 것은 다음과 같다.

▶ **설령 내 경쟁상대라도 장점이 있다면 고객에게**
경쟁상대의 장점을 진심으로 칭찬한다.

고객에게 상품을 팔다 보면 경쟁상대(경쟁사의 상품)와 나를 비교하면서 설명하는 경우가 있다. 그런데 고객의 상당수가 당신을 적으로 등지는 이유 중 하나가 경쟁상대를 무조건 비하하거나 경쟁사 상품의 단점 위주로 말한다는 것이다.

이때부터 고객은 나를 전문가로 인식하기보다는 '뭐 좀 팔아먹으려는' 장사꾼으로 인식하기 시작한다. 따라서 나와 경쟁사일지언정 그 상품의 좋은 점은 칭찬하고 '좋은 상품'이라고 인정해주는 게 좋다.

경쟁사도 잡고
매출도 올리는 법

판매자들이 많이 하는 실수 중 하나가 자신의 상품이 가장 좋다고 설명하는 점이다. 판매자라면 누구나 자기 상품의 좋은 점만 어필하고 싶은 건 당연하다. 하지만 고객은 당신의 상품만 접하는 게 아닌 여러 가지 상품을 보고 판단한다.

만약 고객이 당신이 소개하는 상품이 아닌 경쟁사의 상품이 더 낫다고 여긴다면 어떻게 설득할 수 있을까? 경쟁사를 잡을 수 있으면서 동시에 당신의 상품과 서비스를 돋보이게 할 수 있는 방법이 있다. 차라리 고객에게 무엇이 좋은지, 무엇이 나쁜지, 또 무엇을 주의해야 할지 정도만 객관적으로 알려주는 게 효과적이다.

그저 상품만을 객관적으로 비교했을 때 얻게 되는 두 가지 메커니즘이 있다.

첫째, 고객이 이미 선택한 경쟁사 상품을 비하하는 것은 '고객이 나쁜 선택'을 한 것이라 말하는 것과 같다. 즉 고객은 당신의 비하로 인해 당신을 적으로 간주하게 된다.

둘째, 제 3자가 상대방이 없는 상황에서 욕을 하는 경우, 고객은 '저 사람은 내가 없는 자리에서는 내 욕을 저렇게 하겠지'란 생각을 할 수 있다.

따라서 경쟁사의 상품이라 하더라도 그 상품이 객관적으로 비교했을 때 낫다면 비하가 아닌 칭찬을 하자. 그러면서 이미 고객이 내린 결정이 '좋았다'라는 점을 어필할 필요가 있다. 이런 작은 부분으로 고객에게 '나는 이미 네 편이다. 아군이다'라는 인식을 심어줄 뿐만 아니라 '이 사람은 자기 상품만 팔려고 하는 것이 아닌 나를 위한 선택을 해준다'라는 인식을 심어줄 수 있다.

실제로 내 경우 자동차를 소개할 때 다음과 같은 설명을 했다.

"고객님이 선택하신 A사의 자동차는 정말 좋은 선택이셨습니다. 제가 봐도 너무 좋은 차입니다. 그런데 제가 고객님의 라이프스타일을 분석해보니 A사 자동차도 좋지만, B사 자동차가 좀 더 적합한 게 아닌가 싶어요. 사실 세상에 안 좋은 자동차는 없거든요. 다만 같은 돈을 쓴다면 내 생활에 더 맞고, 또 고객님이 사용할 때마다 만족한 차를 선택하는 게 좋습니다. 저는 B사 자동차를 선택하시는 게 조금 더 맞다 생각이 들어요."

이처럼 나의 상품을 설명하면서도 경쟁상대의 상품을 비하하지 않고 칭찬하면서도 내 상품을 소개하는 것이 필요하다. 단 당신의 상품에 자신감이 전제되어야 하며 경쟁사 상품에 대한 분석이 되어 있어야 한다.

세 번째 명심할 것은 다음과 같다.

▶ 어떤 상황에서도 중심을 잘 잡아야 한다.

영업을 하다 보면 여러 가지 일이 발생하기 마련이다. 하지만 이런 위기 상황에서 보이는 당신의 불안정한 태도는 그대로 고객에게 전달되며 고객이 상품을 선택할 때 불안해할 수 있다. 하지만 어떤 위기 상황에서도 냉정을 잃지 않고, 자기중심을 지키면서 믿음직스러운 모습을 보인다면 고객이 당신을 향한 신뢰감은 더 높아질 것이다.

수많은 위기 가운데에서도 "고객님, 저를 믿고 우리 함께 가보시죠! 저 좋은 상품을 찾아드리겠습니다!"라고 말하는 판매자에게 고객은 당신을 믿고 따를 수 있는 아군으로 100% 확신한다.

사실 상품을 구매하는 것과 판매하는 것을 하나의 프로젝트라고 본다면 고객은 신뢰할 수 있는 파트너를 구하는 것과 마찬가지다. 만약 고객들이 '내가 이 물건을 살 때 영업사원을 선택하는 게 아니고, 내 인생의 파트너를 구하는 거다'라는 관점이라면, 당신의 현재 모습은 어떤지 자문해보자.

당신은 상대 고객과 함께 갈 수 있는 파트너인가? 아니면 불안정한 파트너인가? 혹시 당신의 기분에 따라서 불안정한 태도를 보이지는 않았는가? 다시 한번 강조하지만, 아무리 바쁘고 어려운 상황에서도 절대로 흔들리지 않는 모습을 보여줘야 한다.

예를 들어 맛집으로 유명한 식당이 있는데 어떤 날은 영업을 하고, 또 다른 날은 영업하지 않는 등 신뢰할 수 없다면 당신의 지인을 과연 그 식당에 소개할까? 아무리 맛있는 음식으로 유명해도 '혹시나 문이 닫혀있으면 어떡하지?'란 생각에 선뜻 안내하기 어려울 것이다.

따라서 당신은 언제나 중립적인 위치에서, 중심을 잘 잡는 사람의 프레임(이미지)을 고객에게 전달해야 한다.

마지막으로 지켜야 할 것은 다음과 같다.

▶ 때로 실패가 찾아와도 좌절하지 말아야 한다.

몇몇 고객은 일부러 영업사원에게 압박 질문을 한다. '내가 고객이어서 이 사람이 내 비위를 맞추는 것인지, 아니면 원래 이 사람 자체가 선해서 나를 좋게 대해주는지' 등을 생각하며 고객은 당신에게 곤란하거나 어려운 질문을 할 수도 있다.

당신은 고객의 이런 의도를 간파하고, 설령 압박 질문에 휘둘려 실패를 겪어도 좌절할 필요가 없다. 그럴수록 좀 더 긍정적인 마음과 태도를 견지하자. 주변에 긍정적인 영향력을 발휘하는 사람들은 실패를 겪었다고 해서 좌절하지 않는다. 실패로 패배자의 기분에 빠져 허우적거리지 않는다.

*

중요한 일은 성공 가능성이 희박해도 끝까지 해야 한다.

어려운 것을 해결하려고 붙들고 늘어지면 힘이 생긴다.

그 힘으로 더 높은 단계에 도전할 수 있다.

할 말이 있다고
무조건 말을 잘하는 건 아니다

나는 고객들과 대화할 때 많은 말을 하지 않는다. 그 대신 최소한의 말을 사용해서 최대의 효과를 얻을 수 있도록 고객은 어떤 말을 듣고 싶어할지를 늘 생각한다. 고객이 알고 싶은 내용을 준비해서 그 상황에 맞는 말을 하기도 하고, 호기심을 사는 말로 고객에게 웃음을 주기도 한다. 때로는 고객의 말에 공감하며 도움이 되는 충고와 조언을 할 때도 있다.

유명 쇼호스트이자 작가인 문석현 저자가 쓴 《비키니 화법》에 이런 내용이 나온다.

'훌륭한 저격수는 총알을 난사하지 않고 한 방으로 끝낸다.'

'고수는 현란한 무술로 상대방을 죽이지 않고, 한 번의 합으로 제압한다.'

이 말은 '굳이 말이 많을 필요가 없다'라는 뜻이다. 그러나 마음을 먹는 것과 실제 행동으로 옮기는 것은 큰 차이가 있다. 아무리 인기를 많이 얻고 싶고, 사람들에게 큰 영향력을 끼치는 사람이 되고 싶어도 곧바로 변할 수 있는 건 아니듯 말이다. 이럴 때는 어떻게 하면 좋을까?

최소한의 말로
최대한의 효과를 얻어라

애초에 말을 잘하는 사람이 정해져 있는 건 아니다. 말을 잘하려면 꾸준하고 반복적인 연습이 필요하다. 누구나 나이가 든다고 어른스러운 어른이 되지 않듯이, 말도 끊임없이 배우고 가꿔야 한다.

지금의 나는 최소한의 말을 사용, 고객들을 응대하며 그들의 마음을 사로잡는 멘트로 상품 판매를 촉진하지만, 처음부터 내가 말을 잘하는 사람은 아니었다. 처음에는 상대방에게 어떤 말을 해야 할지, 어떤 어휘를 쓰며 표현할지 정리가 되지 않은 채 말을 건 넸었다. 할 말이 많은데도 그것을 제대로 표현하지 못해서 버벅거렸고, 상대방이 내 말을 못 알아듣는 것은 고사하고 나조차 내가 어떤 목적으로 말을 시작했는지 잊을 정도였다.

그러면서 항상 말에 대한 걱정을 달고 살았다.

'내가 말했을 때 사람들이 안 좋아하면 어떡하지?'
'왜 내가 말할 때는 사람들의 반응이 안 좋지?'

그 후로 나도 말을 잘하고 싶어서 내 문제점들을 찾아냈고, '말하기 기술'을 쉽게 배울 수 있도록 벤치마킹(bench-marking)부터 시작했다. 일단 내 주변의 호감 가는 사람들을 대상으로 그들의 행동을 따라서 했다.

그들이 상황마다 어떻게 말하는지, 말투는 어떤지, 웃는 방법이나 행동, 심지어 그들의 습관을 보고 기록하면서 전부 따라 했다. 그러면서 마치 나도 그들처럼 된 것 같았다.

그런데 벤치마킹의 역효과였을까? 언젠가부터 내 별명은 '입만 열면 깨는 놈'이 되었다. 무용을 시작하면서 식습관과 체중 관리를 한 탓에 키도 훤칠해졌고 외모도 좋아졌다. 외형적으로는 많은 호감을 받았지만, 내가 무슨 말만 하면 영락없이 욕을 먹었다.

"김민성은 다 좋은데 말만 하면 너무 깨"란 말을 자주 들었고,

심지어 "야, 너 말 좀 그만해" 질타받기도 했었다. 당시의 나는 단지 주변 사람들에게 웃음과 즐거움을 주고 싶은 마음이 컸기에 그들의 말들을 이해하지 못했다.

하지만 돌이켜 생각해보니 상대방의 욕망(wants)와 필요(needs)를 모른 채 내 말만 마구 난사한 격이었다. 즉 상황 파악도 안 하고 좋은 것만 가져다 쓴 것이다.

수십 벌의 명품 브랜드 옷이 있다. 그런데 각 브랜드의 특색을 무시하고 다 가져다가 하나의 옷을 만들었다면 과연 그 옷도 명품일까? 아무리 유명하고 값비싼 명품 브랜드 옷이라고 해도 누더기에 불과하다. 당시 내가 겪은 상황이 이와 같았다.

하지만 그런 과정이 있었기에 사람들의 반응을 보고 '아, 이러면 사람들이 싫어하는구나. 이런 상황에서는 이런 말을 하면 안 되는구나' 등의 사실을 몸으로 깨달을 수 있었다.

상대방의 원츠와 니즈를 제대로 파악하지 않고 하는 말들은 아무리 잘 훈련하고, 재미있는 내용이며, 설령 유명 개그맨이 한 말이어도 소음에 불과하다. 먼저 상대방의 원츠와 니즈를 파악하고, 그 상황에 맞게 말을 해야 한다는 것을 깨달은 후 내 인생이 놀랍게 바뀌게 된 것이다.

여러분은 나와 같은 실수를 안 했으면 좋겠다. 이 책을 다 읽을 때쯤이면 아마 '이런 상황에는 이 말을 하고, 이런 성향의 사람에게는 이 말을 하고' 등이 숙지가 되어 있을 것이다.

최소한의 말로 최고의 효과를 내는 것. 이것이 바로 세일즈에서도, 인간관계에서도, 사회생활에서도 반드시 필요하다.

*

실패하지 않는다면 당신은
당신의 한계에 도전하지 않은 것이다.
한계까지 도전하지 않고서는 절대로
당신의 잠재력을 최대화할 수 없다.

많이 아는 만큼
착각도 크다

앞서 강조한 것처럼 판매자가 세일즈를 할 때 처음 저지르는 실수는 바로 '상품만 바라보는 것'이다. 물론 판매자의 입장에서 해당 상품에 대한 전문적 지식은 필수다. 그래서 상품에 대한 세부 설명과 전문 용어 등을 숙지한다. 고객에게 자세하고 정확한 설명을 함으로써 상품 판매를 하기 위해서다.

그런데 바로 이게 고객과 멀어지는 문제의 시작점이다. 언뜻 이해가 안 가겠지만, 조금만 더 생각해보자. 당신의 상품 설명을 듣는 고객의 입장은 어떨까? 1년 365일 상품 공부에 매달리는 당신과 달리 고객은 상품을 구매할 때 한 번씩 본다. 예로 보험 가입을 하려는 고객이라면 30년, 스마트폰을 구매하는 고객이라면 3년에 한 번씩 상품을 보는 게 전부다.

▶ **판매자가 지닌 상품 지식을 '100'이라고 한다면,**
   고객은 '10' 정도다.

그렇다면 가장 효과적인 접근법은 무엇일까? 판매자가 상품에 대한 지식이 높다고 고객은 무조건 좋아할까? 당신이 스마트폰을 구매하려고 했을 때, 당신은 판매원의 모든 말이 기억에 남는가? 분명 판매원은 긴 설명을 했겠지만, 머릿속에 남는 것은 '매월 내가 내는 돈'과 '총 할인받는 금액' 딱 두 가지밖에 없을 확률이 높다.

한마디로, 너무 어렵게 설명하는 것이다.

보험도 마찬가지이다. 보험 가입을 한 후 모든 내용을 머릿속에 기억하고 있을까? 단지 '매월 내 지갑에서 나가는 돈'과 '영업사원에게 받는 혜택' 두 가지만 기억에 남을 확률이 높다.

상품 지식이 아닌
고객이 원하는 걸 알아라

이렇게 판매자와 고객 사이에는 '지식 격차'가 있음을 유념해야 한다. 앞으로 고객에게 상품 설명을 준비할 때는 무조건 초등학교 3학년 학생도 알아들을 수 있는 단어와 비유를 사용해보자. 그리고 설명 중 고객이 보는 손해(지급하는 비용)와 고객이 보는 혜택(프로모션 등)을 중심으로 준비해보자.

당신이 스마트폰을 구매할 때 머릿속에 남은 두 가지를 중심으로 말이다. 물론 상품 지식을 바탕으로 한 전문 용어를 쓰면 고객이 더 신뢰하지 않을까 하는 생각도 있을 것이다. 이 문제는 고객이 나를 장사꾼이 아닌, 파트너로 인지해야 효과가 있다. 어려운 말을 써야 전문가답다는 생각은 너무 예전 방식이다.

오히려 전문가일수록 '지식의 덫'에 빠질 수 있다. 익숙하기 때문에 잘 안다고 착각하는 것이다. 인터넷이 없고, 누구나 전문지식을 검색해서 바로바로 알 수 없던 시절에는 전문 용어를 쓰면 지식인처럼 보였다. 하지만 세상이 변했다. 정보의 홍수 속에 넘쳐나는 전문지식을 얼마나 쉽게 듣기 좋은 방식으로 편안하게 전달해주는지가 경쟁력이다.

듣기 어려운 정보와 생소한 전문 용어는, 판매자가 자신의 지식을 뽐내려는 듯이 들릴 뿐이다. 고객 만족을 넘어 고객 감동까지 실현해야 하는 현시대에, 어쩌면 '많이 안다'라는 건 착각을 불러일으키기 쉬운 시대가 되었다.

매번 말하지만, 꼭 기억해라.

▶ **당신이 하고 싶은 말이 아닌, 고객이 듣고 싶은 말을 하라.**

그럴 리는 없겠지만 당신이 공부한 걸 자랑하고 싶어서 고객에게 말하는 순간, 그 고객은 당신을 더 이상 상대하지 않을 수도 있다.

고객에게 다가가는 효과적인 접근법은 아래와 같다.

첫째, 먼저 고객을 성별, 나이, 직업, 성향 등으로 분류한다.

둘째, 판매 상품의 해시태그(hashtag)를 SNS에서 검색한다.

셋째, 고객의 게시물에서 가장 인기 많은 콘텐츠와 댓글들을 확인하며 성향을 분석한다.

참고로 나는 '맘카페(엄마들이 주로 모여있는 인터넷 카페)'에 수시로 들어가서 게시물을 본다. 내가 판매해야 할 대상들이 어떤 댓글에 동의를 많이 하는지, 불편함을 느끼는지, 또는 어떤 식의 말투를 쓰는지 확인하기 위해서다. 과다한 지식과 정보는 자기 과신을 불러올 수 있다. 그러니 많이 알려고 하지 말라. 상품 지식이 아닌 고객이 원하는 걸 많이 알아야 한다. 이건 비단 상품을 판매할 때만 적용되는 것이 아니라 인간관계에도 마찬가지다.

*

문제의 원인을 주변 탓으로 돌리던 때가 있었다.

그러나 모든 문제를 나의 문제로 인정하는 순간

더 노력하고, 더 간절할 수 있었다.

주어진 상황을 부정하지 말고, 조금씩 더 노력해보자.

PART 3

누구나 찾는
유능한 사람이 되는 방법

1

상대방의 선택을
유도하는 방법은 무엇인가?

누군가를 설득하기 위해서 어떻게 해야 할까? 친절한 태도와 논리적인 방법으로 정보를 잘 전달하면 다 될까? 이것만으로는 충분하지 않다는 걸 당신도 경험으로 알고 있을 것이다. 마치 어린 시절 친구 집에 놀러 간다고 허락받을 때나 부모님에게 용돈을 달라고 할 때 부모님 눈치부터 살폈던 기억이 누구나 있는 것처럼 말이다.

고객에게 상품을 팔
타이밍은 정해져 있다

과거의 설득법과 지금의 설득법은 완전하게 다르다. 과거에는 강한 힘과 높은 지위, 큰 목소리 등이 설득의 기술이었지만, 이제 더는 이런 설득법은 효과를 기대하기 어렵다. 새로운 시대엔 새로운 설득법이 필요하다.

은밀하고 세련되게, 상대방이 내 상품을 선택하게 하는 법칙을 공개한다.

▶ 최적의 타이밍을 포착하고, 순서를 설계하라.

사람은 첫인상이 중요하다. 그런데 마지막 인상도 첫인상 못지않게 매우 중요하다. 사람의 머릿속에는 무언가를 결정하기 직전의 '마지막 정보'가 가장 강렬하게 느껴지기 때문이다. 그래서 누군가를 설득해야 할 때 타이밍이 정말 중요하다.

'언제, 어디서, 어떻게, 어떤 맥락'으로 말하는가에 따라 그 결과가 달라진다. 이것은 말하는 사람보다 듣는 사람의 상태가 더욱더 중요하다고 할 수 있다.

예를 들어서 집에서 부부싸움을 하거나 누군가와 다툰 직장 상사에게 결재서류를 들이민다면 어떨까? 반대로 1,000만 원 상당의 복권에 당첨된 상사에게 결재서류를 들이민다면 어떨까? 말하는 사람이 '같은 말'로 이야기해도 듣는 사람의 상태에 따라 다른 상황이 전개될 것이다.

스피치 능력,
결정적 순간에 힘을 발휘한다

인간관계에서 스피치 능력은 정말 중요하다. 이때 가장 중요한 것은 타이밍이다. 상대방의 기분이나 상태, 또는 상황을 얼마나 잘 파악하느냐가 '말을 잘하고 못 하고'를 나누는 기준이다.

당신이 고객에게 아무리 상품 설명을 잘하고 기발한 설득 방법이 있다고 해도 듣는 고객의 상황이 가장 중요하다. 고객의 기분이 좋을 때 상품을 설명하거나 가입을 유도하는 건 세일즈에서 가장 중요한 요소 중 하나이다.

한 기관의 조사에 따르면 직장에서 상사와 회의나 대화를 해야 할 상황에서 예민한 성격을 지녔거나 기분이 안 좋아 보일 때 "혹시 댁에서 무슨 일 있으셨어요?"와 같은 질문만으로도 분위기 전환을 할 수 있다고 한다.

대부분 '내 나쁜 기분을 회사의 결정으로 이어지지 말게 하자'라는 생각을 하며 이성적으로 돌아올 확률이 높다.

희소성의 원칙,
상품을 제한하고 한정하라

　명품 브랜드인 루이비통(Louis Vuitton)의 가방은 왜 이렇게 비싼까? 물질적(소재) 가치로만 따지면 등유 2리터 정도로 가죽이 아닌 합성섬유이기 때문에 어디서든 쉽게 구할 수 있는 기름이라고 봐도 무방하다. 그런데 이런 기름으로 만든 합성 가죽 가방값이 2백만 원에서 1천만 원까지 오른 것은 바로 희소성 때문이다.

　'세상에 단 하나밖에 없는 예술품'이라는 인식이 값으로 따질 수 없는 가치를 지니게 만든 것이다. 이러한 사례는 얼마든지 볼 수 있다. 혁신적인 스마트폰 신제품을 사려고 판매점 앞에 텐트를 치고 밤새워 줄을 서는 사람들, 또는 나이키 운동화의 한정판 모델처럼 소량 출시한 상품들은 중고시장에서 가격이 폭등하기도 한다.

나이키 운동화 가운데 가장 유명한 제품은 '에어 조던1 시카고'다. 1985년 발매 당시 65달러에 불과했지만, 현재는 2만 달러(약 2천3백만 원)에 거래된다. 굳이 웃돈을 주고 나이키 운동화를 구매하는 이유는 무엇일까? 바로 '나만이 가질 수 있는 운동화'를 소유했다는 만족감과 희소성(특별함)을 느껴서다.

희소성의 원칙과
경제 문제의 발생

희소성의 원칙(principle of scarcity)이란 스웨덴의 경제학자 구스타프 카셀(G. Cassel)이 경제활동의 원동력을 설명하기 위해 처음 사용한 말로써, 사용할 수 있는 자원의 양보다 요구되는 자원의 양이 더 많을 때 벌어지는 현상이다. 카셀의 설명에 따르면 사람의 욕망은 무한하지만, 경제자원은 유한하기에 늘 선택의 문제에 직면하게 된다.

결국 '최소 비용'으로 '최대 만족'을 추구하는 경제원칙과 경제 문제가 발생하는데 이를 해결하기 위한 경제활동을 촉발하는 원동력이 바로 희소성의 원칙이다. 쉽게 말해서 사람들이 원하는 상품이 희소하거나 독점적일 때 그 상품의 가치는 높아진다.

▶ **사람의 욕망은 무한하지만,**
  이를 충족할 상품은 유한하고 희소하다.

희소성의 원칙은 단순히 그 수나 양이 적어서 발생하는 것만은 아니다. 사람의 욕망은 늘 무한한데 이를 충족시켜줄 재화와 용역은 항상 부족하다. 즉 한정품처럼 희소성이 높은 것들에 가치를 느끼는 심리적 현상이다.

여기서 기억할 것은 단순히 상품의 물량이 물리적으로 부족해서가 아닌 '사람의 욕망'에 비하여 상대적으로 부족하다는 것이다. 사람은 누구나 가질 수 없는 걸 갖고 싶어 하는 욕구가 있다. 포인트는 '많은 사람이 알아보며 가질 수 없는 것'이다.

예를 들어 중고시장에서도 너무 마니아틱한 상품은 쉽게 가질 순 없지만, 사람들이 알아보지 못해서 사랑받지 못한다.

하지만 강남에 있는 브랜드 아파트, 롤렉스 한정판 시계, 포르쉐 자동차 등의 공통점은 많은 사람이 알아보지만 쉽게 가질 수 없고, 굳이 상품의 가치를 상대방에게 설명할 필요가 없다.

▶ **상품의 희소 가치가 높다면,**
  고객은 그에 걸맞은 높은 금액을 지불한다.

헝거 마케팅,
희소성을 활용하라

희소성의 원칙은 마케팅에서 많이 활용되며 설득의 기술에도 적용할 수 있다. 한정된 물량만 판매해 고객의 구매 욕구를 자극하는 방법으로 헝거 마케팅(Hunger Marketing)이 있다. 의도적으로 제한된 물량을 공급하여 '없을수록 더 갖고 싶은' 구매 욕구를 겨냥한 것이다.

헝거 마케팅은 고객의 관심 유도는 물론 상품 판매 증대와 재고관리까지 가능하다. 예로 홈쇼핑 방송에서 '매진 임박', '3분 뒤 판매종료' 같은 문구를 활용해 구매욕을 자극하거나 의류업체에서 '3일간 빅세일' 같은 이벤트로 제한된 기간에 할인 판매한다.

그럼 고객은 상품을 살 마음이 없다가도 혹시 살만한 게 있나 살피게 되고 '지금 아니면 못 사는데' 생각에 구매까지 이어지는 경우가 많다.

그렇다면 헝거 마케팅은 어떤 방식으로 작동되는 것일까? 크게 4가지 유형으로 볼 수 있다.

1) 독점적 희소성
상품 물량의 부족이 아닌 아무나 상품에 접근하지 못하게 하여 희소 가치를 만들어낸다. 예로 명품 가방이나 럭셔리 자동차는 높은 가격으로 일반 고객의 접근을 막는다. 따라서 고객은 해당 사품을 구매했다는 이유만으로 자신의 사회적 지위와 재력을 과시하게 된다.

2) 한정판(희귀) 아이템

판매자(생산자)가 상품 공급량을 제한하여 희귀 아이템으로 만들어 낸다. 예로 평범한 벽돌에 브랜드 로고를 새겨 한정 판매한 슈프림이 있다. 고객의 이목을 끈 극단적인 예라고 볼 수 있다.

3) 기간의 한정

마감일을 정해놓고 특별한 가격에 상품을 구매할 수 있게 하는 기간 한정은 고객들에게 원하는 상품을 쟁취했다는 마음이 들게 한다. 설령 필요하지 않은 상품이어도 특별하게 구매했다는 만족감을 안겨준다.

4) 매진 임박

현재 판매가 잘되고 있는 인기 상품을 자칫 못살 수 있다는 두려움을 자극한다. 진부한 방법 같지만, 고객에게 두려움은 극복하기 쉽지 않은 심리이다.

▶ 상품을 제한하고 한정하여
특별하고 다가가기 까다롭게 만들어라.

중요한 것은 자신의 상품을 고객에게 설명할 때 '쉽게 가질 수 있다'라는 생각을 하지 못하게 만드는 것이 핵심이다. 즉 헐값 취급을 받아서는 안 된다는 말이다. 역시 전제되는 것은 상품의 퀄리티에 자신이 있어야 한다. 퀄리티가 좋지 않은데 의도적으로 판매를 제한하면 고객들은 '그냥 다른 데서 사고 말지..' 생각하게 된다.

또 한 가지 주의할 점은 고객이 원할 때 구매가 바로 이루어지지 않아 불편함을 느끼게 되면 어느 순간 '분노'로 돌변할 수 있다. 고객의 입장으로선 원하는 상품을 '제때' 사고 싶은데 공급이 적어 계속 사지 못하게 되면 화가 나는 게 당연하다.

희소성과 차별성이
상품의 가치를 높인다

한정판 마케팅, 희소 마케팅이라고도 불리는 헝거 마케팅의 핵심은 고객들을 '배고픈' 상태로 만드는 것이다. 의도적으로 상품을 제한해 상품의 희소 가치를 올려서 고객들이 더 갖고 싶게 하는 것이다. 헝거 마케팅을 적용한 사례로 중국의 샤오미 기업이 있다.

우리나라에서 샤오미는 보조 배터리로 유명해졌는데 처음부터 상품 물량을 제한하고 정해진 기간에 다른 경쟁 업체보다 저렴한 가격으로 판매하는 방법을 활용했다. 게다가 온라인 판매를 중점적으로 하면서 한 명이 구매할 수 있는 개수를 한 개로 제한까지 했다.

그 결과 개수 제한은 있지만, '가격 메리트가 좋다'라는 입소문이 났고 고객들은 샤오미의 다음 제품 출시를 기다리면서 기업의 인지도와 충성도가 동시에 높아졌다.

▶ 거래의 자격이나 조건을 제한하면 그 가치는 더욱 올라간다.

헝거 마케팅은 상품에만 국한되지 않는다. 상품 외에 당신의 콘텐츠나 주장하는 바도 마찬가지다. 아직 자기 콘텐츠나 실력이 자신 없는 상태이거나 발전해 나아가는 상황이라면, 이 방법은 오히려 역효과를 불러일으킬 수 있다. 그런 만큼 자신의 상황을 제대로 파악하는 것이 중요하다.

이 방법은 신비로움을 생명으로 하는 최고 스타들을 관리하는 매니저들의 첫 번째 규율이기도 하다. 영화 〈조커〉에서도 이와 비슷한 대사가 나온다.

"만일 네가 뭔가를 잘한다면, 절대 공짜로 해주지 말아라."

쉽게 말해 자기 몸값을 올리려면 남들과는 다른 희소성과 차별성을 가진 콘텐츠를 가지고 있어야 한다.

구체성의 원칙,
디테일하게 명시하라

앞에서도 말했듯이 고객은 마케팅 상품의 콘셉트 방향이 정확히 자신을 향해 있어야 지갑을 연다. 고객을 향하지 않고 모호한 상대를 겨냥한 메시지는 절대로 마음이 흔들리지 않는다. 마케팅이나 고객에게 상품을 설명할 때 중요한 것은 메시지가 대상자에게 정확히 전달되는 것이다. 그래야 설득 효과가 나타난다.

메시지를 정확하게 전달하려면 실질적 행위(머릿속에 그려지는)와 감각적 정보(오감으로 받아들일 수 있는)의 언어로 설명해야 하며, 이렇게 메시지를 만들 때 구체성을 띠게 된다. 만약 메시지 내용이 구체적이지 않다면, 그 메시지는 허공에 떠버리고 만다.

소위 말하는 돈과 노력만 쓰고 효과는 얻지 못하는 상황이 벌어지는 것이다.

고객의 마음을
움직이는 게 세일즈다

고객의 마음을 움직이기 위해서는 순간적인 판단력과 대처력, 그리고 '메시지의 요점'을 전달하는 능력이 필요하다. 이때 '구체성의 원칙(Principle of Concreteness)'을 적용해보자. 처음 한마디로 대화를 시작해서 고객의 마음속에 각인될 뿐 아니라 능동적으로 참여할 수 있는 메시지를 만들어야 한다.

구체적인 내용을 메시지에 담는 방법은 다음과 같다.

▶ 메시지에 형용사와 부사 등의 수식어를 사용하지 않는다.

메시지에 비유나 은유의 미사여구가 많아질수록 이야기가 산만해지고 산으로 가게 된다. 물론 형용사나 부사 없이는 말하기는 매우 힘들다. 하지만 듣는 이는 더욱더 직관적으로 이해할 수 있고 이야기에 매료된다.

예를 들어 "지난번에 본 영화 어땠어?"라는 질문을 받았을 때

"진짜 너무너무 재미있었어. 주인공도 멋있고, 너무 재미있어서 자꾸 생각나더라. 너도 꼭 봐" 이런 식으로 부사를 많이 사용하여 말하면 듣는이는 이해가 안 가고 공감대 형성도 어렵다.

만약 이렇게 말했다면 어땠을까?

"영화를 보는 내내 여러 감정을 느꼈어. 어떤 장면은 눈물 날 만큼 감동적이었고, 또 어떤 장면은 머리카락이 위로 설 정도로 너무 무서웠어. 어떻게 그 짧은 시간에 이런 감정을 다 느끼지? 마치 감독이 관객의 반응을 예상하고 만든 것 같은 느낌이 들더라."

이렇게 영화평을 구체적으로 말한다면 듣는 이도 공감하고 당장 영화를 보러 갈 마음이 생길 것이다.

▶ 메시지에 구체적인 표현이나 객관적인 데이터를 활용하라

세계적인 미래학자이자 비즈니스 사상가인 다니엘 핑크 (Daniel H. Pink)는 "상품을 판매하는 것뿐 아니라 '사람의 마음을 움직이는 모든 것'이 세일즈다."라고 말했다. 사람의 마음을 움직이는 것은 화려하고 근사한 미사여구가 아니다. 구체적인 표현과 객관적인 데이터가 담긴 메시지이다.

특히 객관적인 입증 자료가 뒷받침되는 것이 설득의 가장 중요한 요소 중 하나이다. 만약 당신의 메시지가 조잡하면 상대방은 당신의 생각까지 조잡하게 여길 것이고, 당신의 메시지가 설득력 있다면 상대방은 당신의 생각에 주목하게 될 것이다.

공감력의 원칙,
판매자에게 공감하는 고객이 구매한다

tvN에서 방영한 드라마로 〈응답하라 시리즈〉(이하 응답 시리즈)가 있다. 첫 작품인 〈응답하라 1997〉을 시작으로 〈응답하라 1994〉, 〈응답하라 1988〉까지 제작되어 큰 호평을 받았다. 소위 '국민 드라마'라고 불릴 만큼 큰 사랑을 받은 작품들이 있지만, 모든 사람을 다 만족시키는 건 쉬운 일이 아니다.

물론 〈응답 시리즈〉가 가장 완벽한 드라마는 아닐 수 있겠지만, 많은 화제 속에 방영되며 높은 시청률 기록과 함께 전 국민의 사랑을 받은 이유는 무엇일까?

드라마를 본 시청자들은 대개 이런 반응을 보였다.

"어? 저 깻잎 머리, 나도 했었는데…"

"그래, 맞아. 언니랑 옷으로 저렇게 싸웠었지."

"어머! 저 떡볶이~ 정말 맛있었지…"

예전에 내가 한 행동이나 선택들이 드라마에 똑같이 나오는 것만으로도 사람들은 재미있다고 판단하여 몰입해서 본다.

고객은 끊임없는
만족을 원한다

〈응답 시리즈〉는 1980~90년대를 배경으로 당시의 향수를 느끼게 하는 다양한 에피소드를 담아냈다. 따라서 그 시대를 겪은 시청자들은 자연스럽게 공감하면서 추억을 떠올린다. 많은 이들의 공감을 산 〈응답 시리즈〉는 1980~90년대 재조명 열풍을 이끈 문화 아이콘으로 자리 잡았다.

공감력은 당신이 상대방을 공감할 수 있는 능력이면서 동시에 상대방이 당신에게 공감하게 만드는 능력이다. 당신과 상대방이 공감력을 바탕으로 소통하는 순간 당신의 세일즈는 더욱 진화할 수 있다. 게다가 공감력은 금붕어보다 짧다는 현대인의 집중력을 극적으로 올려준다.

아마 당신은 하루에도 불특정 다수의 고객을 상대할 것이다.

그들 중 두 번 이상 만날 수 있는 확률은 희박하다. 차라리 당신이 상대하는 고객이 일생에 한 번밖에 만날 수 없는 귀중한 인연이라 생각하고 응대해보자. 그 고객은 공감을 넘어 당신에게 감동할 것이다.

▶ 고객의 공감력은 판매자가 제안하는 상품과 그 가치를 높게 평가한다

이렇듯 판매자도 고객에게 공감을 불러일으켜야 한다. 공감(Empathy)이란 상대의 관점에서 상대의 세계를 지각(perception)하고 있음을 보여주는 의사소통 상태로 '상대의 마음을 깨닫는다'라는 뜻이다. 고객과 판매자 간 공감이 중요한 이유는 고객이 판매자가 자신과 공감하고 있다고 믿는 경우, 판매자에게 호감을 느껴서이다.

25살, 내가 보험영업을 하던 시절에 아무도 재미없는 보험 이야기를 끝까지 집중해서 들어주지 않았다. 친구들은 내가 보험 일을 한다고 하니 그저 '작은 상품이라도 하나 들어줘야지' 마음먹고는 나의 설명은 제대로 듣지도 않았다. 당시 내가 든 생각은 '누구라도 내 이야기를 10분만 경청해준다면 무조건 상품가입을 시킬 자신이 있는데..'였다.

몇 번의 시행착오 끝에 나는 내 이야기를 재미있게 들려주는 방법을 고민하며 고객이 솔깃할 만한 말이 무엇이 있을까를 연구했다.

예를 들어보겠다.

A   암 진단 시 5천만 원이 나옵니다.

B   암 진단 시 고객님을 대신해 대출금을 상환해드립니다.

만약 당신이 대출이 많은 상황이라면, A와 B 중 누구의 말에 솔깃할까?

예를 하나 더 들겠다.

A   보험분석을 해드리겠습니다.

B   보험금을 줄여드리겠습니다.

지인의 권유로 상품 내용도 모른 채 보험 가입을 한 당신이라면, 또 매달 보험료가 부담이라면 A와 B 중 어느 설계사의 말을 들을까?

반드시 기억하자.

▶ **고객은 당신의 이야기에 집중해주지 않는다.**

▶ 당신이 고민할 것은 '무슨 말로 시작해야 내 말에 집중해줄까?
  고객은 어떤 말에 흥미를 느낄까?'이다.

이 책을 읽는 당신도 나와 같은 생각을 한 적이 있을 것이다. 중요한 건 '어떻게 하면 상품을 전문적으로 설명할 수 있을까'가 아니다. 정말 중요한 것은 '어떻게 하면 고객이 나의 설명을 끝까지 집중해서 들을까?'이다.

공감력은
비즈니스 성공의 핵심이다

사실 상대의 공감 포인트를 잡는 건 매우 간단하다. 상대방의 SNS를 보면 쉽게 알 수 있다. 대개 사람 심리가 '자기 입으로 자기 자랑하기'를 꺼린다. 유독 한국 사람들이 더욱 그렇다. 그런데 일상 현실이 아닌 온라인에서는 '자기가 아닌 척 자기 자랑'을 한다. 즉 SNS에 본인이 다른 사람들에게 '보이고 싶은' 콘텐츠를 올리는 것처럼 말이다.

만약 당신이 고객의 인스타그램이나 페이스북을 미리 확인할 수 있다면, 큰 도움을 받을 수 있다. 고객의 전화번호만 저장해도 카카오스토리나 카카오톡 프로필 정도는 볼 수 있다. 이를 참조해 고객이 평소 가장 많이 돈을 쓰는 일상을 적나라하게 보여주는 게시물을 보고, 모든 상품의 설명을 동기화해서 설명해보자.

예를 들어서 나의 취미는 경량 항공기 조정이다. 솔직히 멋진 파일럿(pilot) 같은 내 모습을 남들에게 자랑하고 싶다.

그런데 자동차 판매사원이 나에게 이렇게 설명한다.

"고객님께서 파일럿이시니 더 잘 아시죠? 이 모델은 비행기 조종석을 모티브로 만든 디지털 콕핏(Digital Cockpit)입니다. 만약 날씨가 좋지 않아서 비행을 못 하실 때나 멀리 출장을 가실 때 디지털 콕핏으로 취미 활동을 연장하시는 기분이 드실 겁니다."

당신은 자동차 판매사원의 설명에서 무엇을 느꼈는가? 단순히 고객에게 상품만 설명하는 것이 아닌 고객의 취미 활동에 자신을 투영하여 고객과 공감대를 이룬 것이다. 물론 쉽지 않은 고객도 있을 것이다. 그러나 고객의 말이나 평가를 수용하려고 노력해야 한다. 이때 고객의 말을 미러링(mirroring) 하는 것만으로도 고객이 호감을 느끼게 된다.

이처럼 공감력은 인간관계뿐 아니라 비즈니스 활동에서 성공의 핵심적인 본질이다. 고객에게 공감을 얻는 것, 그것이 당신의 말을 집중해서 들을 수 있는 능력이자 당신의 실적과 연봉을 올리는 기회가 될 것이다.

*

목표를 향한 길에서 장애물을 만난다면,

이제껏 발견하지 못한 기회로 생각하라.

보이는 길로 가지 말고, 생각하는 길로 가라.

부디 타인의 시선에 휘청거리지 않기를 바란다.

당신의 삶은 언제나 당신의 것이다.

성공적인 세일즈,
인간관계가 중요하다

세상 모든 일은 인간관계에 달려있다고 해도 과언이 아니다. 겉으로 보기에는 특별한 능력이나 다른 조건이 큰 비중을 차지할 것 같지만, 실제로는 인간관계가 어떠하냐에 따라 결과가 크게 달라진다. 특히 회사 조직에서 구성원과의 관계나 고객을 상대할 때처럼 비즈니스 관계일수록 인간관계는 더욱더 중요하다.

그런데 직장이나 사회생활을 하다 보면 꼭 나를 싫어하는 사람이 있다. 늘 나를 기분 나쁘게 대하고, 내가 아무리 관계를 개선해보려고 해도 오히려 더 나를 무시하는 것 같은 느낌을 받은 적이 있을 것이다.

'저 사람은 왜 나를 미워하지? 도대체 나에게 왜 그럴까?'

다소 억울하겠지만, 이유는 한가지다. 나에 대한 평소 인식이나 첫인상이 매우 좋지 않아서다. 회사에 당신을 싫어하는 상사가 있다고 가정하자. 당신이 일찍 출근하면 칭찬이 아닌 "뭐야? 일찍 나왔다고 티를 내는 거야?"라고 핀잔을 줄 것이다. 반대로 당신을 좋아하는 상사라면 설령 당신이 지각했을 때 '조금 늦을 수도 있지 뭐'라고 이해해줄 수 있다.

이렇듯 사람은 객관적이지 못하다. 저마다 개인적이고 주관적인 관점에서 판단한다. 고객은 더욱더 그렇다. '고객은 왕'이란 말처럼 당신이 고객을 상대할 때부터 이미 고객의 '왕 게임'으로 들어온 것이다. 그 세계에서 고객이 나를 '나쁜 사람'이라고 판단하면 나는 나쁜 사람이고, '똑똑한 사람'으로 임명하면 나는 똑똑한 사람이 된다.

당신은 고객에게
정말 필요한 존재일까?

지금까지 당신이 어떤 사람이었고, 어떤 삶을 살아왔는지는 중요하지 않다. 앞으로가 중요하다.

고객에게 '필요한 사람', '물건을 잘 파는 사람', '함께하고 싶은 사람'으로 보이는 세 가지 방법을 소개한다.

▶ 첫째, 당신에게 유리한 평판과 소문을 만들어라.

중국의 고전 〈삼국지〉에는 수많은 영웅호걸이 나오는데, 그중 제갈량은 천재 지략가로 명성이 높다. 촉나라 유비가 삼고초려(三顧草廬)를 해서 모신 인물로, 격랑의 삼국 시대에 유비를 도와 삼국통일의 대업을 꿈꾼 인물로 모든 면에서 뛰어난 사람으로 비추어진다. 그러나 〈삼국지〉가 아닌 역사서에 기록된 제갈량의 진짜 모습은 알려진 것과 다르다.

요즘은 개인 역량을 키우기가 그다지 어렵지 않은 시대다. 당장 유튜브만 보면 전문지식과 다양한 정보를 얻을 수 있으며 당신이 원하는 어떤 능력도 키울 수 있다. 심지어 폭탄도 만들 수 있다고 하니 놀라울 따름이다. 즉 지금은 능력 키우기보다 '자기 능력을 얼마나 남에게 잘 알리는지'가 중요한 시대다.

그런데 제갈량은 요즘 시대의 방법을 당시에 매우 세련되고 적극적으로 활용했다. 삼국 시대, 형주는 영웅호걸들로 넘쳐났다. 비교적 안전한 지역이라 많은 인재가 몰려들었는데, 마치 현시대와 흡사했다. 비교적 쉽게 시작할 수 있지만, 누구나 성공할 수 없는 라이브 커머스(live commerce) 시장과 비슷한 상황이었다.

이런 제갈량이 바로 촉나라의 재상에까지 이를 수 있었던 출발점은 바로 주변 사람을 통해 자신을 알린 것이다. 곧 제갈량은 '와룡선생'이라 불리며 학식과 재주가 빼어난 선비로서 널리 알려졌다. 특히 제갈량의 친구인 서서가 유비에게 본인보다 뛰어난 인재라고 귀띔해 준 것이 큰 계기가 되었다.

이처럼 자기 스스로 자신을 알리는 방법도 있지만, 지인이나 주변 인물을 활용하는 게 훨씬 효과적이다.

이렇게 당신에게는 훨씬 더 좋은 마케팅 수단이 있다는 걸 인지하고 이를 잘 활용하라. 고객 성향을 파악함은 물론 당신이 보이고 싶은 모습이나 호칭을 만들어 주변에 알려지도록 하는 것도 좋은 방법이다. 마치 심리학을 잘 몰랐던 내가 스스로 '소비 프로파일러'라고 명명하여 브랜딩하고, 계속 공부하면서 영상을 올렸던 것처럼 말이다.

▶ **둘째, 당신만의 세세한 브랜드를 만들어라.**

영업사원이 가장 원하는 건 고객을 소개받는 것이다. 앞서 말했듯이 소개받은 고객은 상품을 구매할 확률이 훨씬 높다. 그럼 어떻게 하면 소개받을 수 있을까? 특별해져야 한다. 즉 당신을 소개할만한 특별한 이유가 있어야 한다. 당신이 전국의 수많은 영업사원과 다른 점이 없다면 굳이 여러분을 지인에게 소개하려고 할까?

그런데 "이 사람이 국내 최초 소비 프로파일러야, 전국 일등이야"라고 소개했다면 완전히 달라진다. 이 한마디 말로 충분하다. 평범한 보험사원이 아닌 '내 보험 바로 알기 전문가'라고 브랜딩을 했을 때, 또는 그냥 교통사고 전문변호사가 아닌 '교통사고 과실 조정 전문변호사'라고 했을 때 당신은 누구에게 문의하고 싶은가? 이것이 '개인 브랜드'의 힘이다.

이제 개인 브랜딩은 선택이 아닌 필수다. 본인만의 브랜드를 만드는 것은 물론 다른 브랜드들과 차별될 수 있도록 세세한 브랜딩을 해야만 한다. 그러니 당신이 지금 하는 일에 세세한 브랜드를 만들어 보자.

▶ **셋째, 긍정적인 모습과 좋은 인상만 보여줘라.**

인간관계에서 말 습관은 기본 중의 기본이다. 그런데 평소 일상생활에서 습관적으로 욕설을 하는 사람이 있다. 주변에서 눈살을 찌푸려도 그냥 '털털함'으로 포장하는 경우가 많다. 그러나 아무리 포장해도 욕설은 욕설일 뿐이다. 그냥 단호하게 쓰지 말라고 말하고 싶다. 실제로 내가 만난 성공한 사람 중에서 욕설을 남발하는 이를 한 명도 보지 못했다. 아예 욕을 쓰지 않는 사람이 대부분이다.

어렵게 생각할 필요가 없다. 만약 당신이 부모님께 당신의 친구를 한 명 소개해야 한다면, 평소 무서운 인상에 욕설하는 친구를 소개하고 싶을까? 기본일수록 더 지켜나가야 한다. 당신의 주변 사람이 욕을 한다고, 혹시 나도 모르게 욕설이나 험한 말을 하고 있지 않은지 생각해보고, 당신의 말 습관을 점검할 필요가 있다.

SNS 활용 세일즈에도
스킬이 있다

내가 매번 강조하는 말이 있다. '상품전문가가 아닌 고객 전문가가 되어야 한다.' 이는 아무리 강조해도 지나치지 않다. 상품을 팔기 위해서 우리는 '고객 전문가'가 되어야 한다. 그럼 고객들은 영업사원을 과연 어떻게 생각할까? 우리는 자신이 처한 상황을 바로 바라봐야 한다. 그리고 무조건 인정해라. 스스로 인정해야만 더 나은 상황으로 바꿀 수 있다. 누구나 어디서든 부정적인 의견은 존재한다. 그러나 긍정적인 마인드로 상대를 이끌어야 탁월하게 세일즈를 할 수 있다. 그러니 '어떻게 하면 고객(사람)에게 환영받을 수 있을까?'를 고민해보자.

어떤 고객도 내 사람으로
만드는 세 가지 방법

대학을 졸업하고 바로 보험회사에 취업하며 사회에 첫발을 내 딛었을 때는 막막했다. 어린 나이에 경력도 없었고, 이룬 업적도 없었다. 하지만 끈기와 자신감을 꾸준히 유지했고, 결국 나만의 방법들을 체득하며 억대 연봉을 벌 수 있었다. 이때 내가 발견한 '고객을 내 편으로 만드는 법'을 공개한다.

▶ **고객을 내 편으로 만들고 싶다면, 고객의 SNS를 활용하라.**

앞서 말한 것처럼, 한국 사람은 유독 자기 자랑하기를 힘들어 한다. 그래서인지 SNS에 자기가 아닌 척 자기 자랑을 한다. 나는 어디를 여행하는지, 내 취미는 무엇인지, 내가 옷을 얼마나 잘 입 는지 등 스스로 할 수 없는 나의 장점을 마음껏 칭찬한다.

실제로 나는 모든 고객을 만나기 전, 상대의 카카오 프로필, 카카오스토리, 페이스북, 인스타그램 등 상대의 SNS를 검색한다. 고객과 첫 만남 때 대화를 여는 두 사람이 있다.

A 안녕하세요. 처음 뵙겠습니다.
B 안녕하세요. SNS에서 많이 뵈었습니다. 지난번 올리신 글이 좋아서 저

도 운동을 시작했습니다.

A와 B, 둘 중 누구에게 더 호감을 느낄까? 혹시 '왜 내 SNS를 뒤졌지?'라고 생각할 수 있다는 걱정은 우려다. 그런 마음이 있는 사람은 SNS를 비공개로 하거나 애초 시작도 안 했을 것이다. 반대로 인정받고, 관심받고 싶은 욕구의 표출이 SNS 활동이다.

고객의 성향이 드러난 SNS를 잘 활용하면 고객과의 친분은 물론 상품 판매까지 이를 수 있다. SNS의 게시물들과 남겨진 해시태그, 팔로어들의 댓글을 살펴보면 고객이 정말 듣고 싶은 이야기, 받고 싶은 칭찬에 가깝다는 증거이다. 바로 이 부분을 집요하게 파고들자.

고객의 SNS만 잘 분석해도 그 고객의 소비성향을 파악할 수 있다. 자기 취미에 돈을 많이 쓰는지, 자기 계발에 투자하는지, 대인관계를 위해 돈을 쓰는지 등을 통해서 상대 고객을 내 편으로 만들기가 비교적 쉬워진다. 무료하게 침대에 누워서 SNS만 하는 당신에게 자책하고 속상해하지 말자. 당신은 요즘 시대에 맞는 최고 '고객 전문가'의 길을 걷는 것이다.

SNS 분석으로
고객을 응대하는 법

고객이 SNS에 올린 게시물을 분석해 고객을 응대하는 몇 가지 방법을 소개한다.

1) '본인 사진'으로 도배된 SNS

이런 성향의 사람은 자존감이 낮은 사람일 확률이 높다. 자존감이 높아서 본인 사진을 올리는 게 아닌가 생각하겠지만, 그 반대. 자존감이 낮아서, 부족한 부분을 인정받고 싶은 욕구에 자기 사진을 많이 올린다. 이런 사람에게는 자존감을 높여주는 이야기를 하자.

"고객님은 딱 봐도 학창 시절부터 인기가 많으셨을 것 같아요."

"워낙 센스가 있으셔서 친구들이 뭐든 따라 했을 것 같아요."

"주변에서 주목받는 게 피곤하진 않으셨어요?"

이렇게 상대의 자존감을 올려주는 이야기를 하며 접근하면 백전불태(百戰不殆)일 것이다.

2) '자녀 사진'으로 도배된 SNS

이런 사람은 다른 사람들 속에서 소외감을 느끼고 있을 수 있다. 자기 인생의 주인공은 분명 자신이었는데 결혼하고 자녀를 키우다 보니, 자녀가 주인공이 된 것이다. SNS에도 변한 자기 모습을 올리고 싶지 않기에 자녀의 사진을 올리며 대리만족할 확률이 높다.

이런 사람은 자녀 칭찬만으로는 깊게 친해질 수 없다. 정작 그들이 듣고 싶은 이야기는 여전히 '인생의 주인공은 나'라는 것이다. 대화의 시작은 자녀 칭찬으로 하되 핵심은 상대 고객을 칭찬해 보자.

"자녀분의 밝고 예쁜 모습을 보니, 고객님이 정말 멋지고 좋으신 분이라는 걸 새삼 알 것 같아요."

"자녀분이 이렇게 재주가 뛰어나니, 고객님이 정말 훌륭하게 잘 키우신 것 같아요. 역시 대단하세요."

이렇게 '인생의 주인공은 나'라는 사실을 상기시켜주면 큰 효과가 있을 것이다.

3) '단체 사진'으로 도배된 SNS

분명 자기 SNS인데 본인이 아닌 친구들, 가족들 등 단체 사진이 많은 사람이 있다.

이런 사람은 나르시시즘(narcissism), 즉 자기 자신을 깊게 사랑하는 사람이다. 굳이 SNS의 주인공이 내가 아니어도 상관없을 만큼 자기애가 높으며, 함께하는 주변인들과 함께 자신의 가치를 높이는 성향이다.

내가 가장 중요시 생각하고, 그만큼 시간과 공을 많이 들이는 성향의 고객이다. 이런 고객 한 명의 마음을 사로잡으면, 주변 모든 사람을 고객으로 만들 수 있을 만큼 주변 영향력이 크다. 이런 사람에게는 인간관계를 칭찬하라.

한국은 관계주의 사회이다. 집단주의냐, 개인주의냐 말이 많지만, MZ 세대를 포함해 모든 세대가 관계주의이다. 즉 서로가 서로에게 영향을 주면서 자기 존재감을 느끼며 살아간다. 따라서 그 사람의 주변과 인간관계를 칭찬하면 다른 사람들과 차별된 칭찬을 하는 것이다.

고객의 마음을 사로잡는
감성 칭찬 화법

고객의 SNS를 보고 칭찬하는 방법은 의외로 간단하다.

▶ **상황(결과)이 아닌 고객이 노력하는 '과정'을 칭찬하라.**

인스타그램에 '#오운완(오늘운동완료)' 해시태그 하는 사람을 직접 만나면, 그다지 몸매가 좋지 않을 수 있다. 심지어 본인도 안

다. 사진 보정을 했을 수 있고, 그냥 운동하는 사람으로 '보이고 싶어서' 올리기도 한다.

실제로 운동을 잘 가르치는 헬스클럽보다 예쁜 포토존이 있는 헬스클럽이나 사진을 잘 찍어주는 트레이너가 인기 있다고 한다. 그만큼 SNS용 사진을 위해 가는 사람이 많다. 그런 사람에게 "몸매가 정말 좋으시네요"라고 말해봤자 '빈말이구나'라고 생각한다.

반면 "고객님은 정말 꾸준하게 노력하시는 것 같아요. 저는 작심삼일인데… 끈기가 대단하세요" 칭찬하면 고객의 호감을 얻을 수 있다. 상대를 칭찬할 때 기본은 '결과가 아닌 과정'을 칭찬하는 것이다.

▶ 고객의 과거가 아닌 '미래'를 칭찬하라.

요즘 시대에 과거를 들추는 사람을 누가 좋아할까? 인터넷과 스마트폰은 너무나 똑똑하다. 모든 기록이 지워지지 않고 남는다. 그러나 사람은 '망각의 동물'이기에 금방 잊어버린다. 만약 누군가가 내 과거 이야기를 꺼낸다면 '예전에 내가 실수한 게 있었나?' 라고 생각할 수 있다. 상대를 칭찬하려면 과거가 아닌 미래를 칭찬해 보자.

예를 들어 "고객님의 예전 사진을 보니 열심히 운동하셨더라고요"라고 했을 때 상대는 '지금은 열심히 안 한다고 질책하는 건가?'라고 생각할 수 있다. 또는 지금은 헤어진 전 연인과 함께 운동하던 시절일 수도 있다. 사람 일은 모르는 것이다. 우리는 미래를 예측할 뿐 그 누구도 미래에 대해 확신할 수 없다. 굳이 과거 칭찬으로, 리스크(risk)를 가질 필요는 없다. 따라서 칭찬은 미래 혹은 현재의 내용에서만 하자.

당신이 상대하는 고객의 심리 상태는 SNS에 비친다 해도 과언이 아니다. 자기 자랑, 주변에 보이고 싶은 모습 등 온갖 프레임으로 '또 다른 자신'으로 살아간다. 비록 내 몸매가 좋지 않아도 매일 운동하는 사진을 올리며 관리하는 사람으로 보이기를 바라고, 매일 공부하지 않더라도 공부하는 모습을 올리며 노력하는 사람으로 보이고 싶은 것이다.

이런 점을 잘 파악하고, 상대를 칭찬하자. 이에 맞게 상품 설명의 방향을 잡아가고 이야기해보자. 반드시 고객은 당신 편이 될 것이다.

7

고객에게 절대 말하면 안 되는
판매자 멘트

말(言) 한마디로 천 냥 빚도 갚는다는 말처럼, 말의 힘은 크다. 내가 어떤 말을, 어떻게 하느냐에 따라서 원만한 대인관계는 물론 나의 위치마저 바뀔 수 있다. 그런데 말을 잘하는 게 나를 특별한 사람으로 만든다고 착각하는 사람이 있다. 특히 신입 영업사원 중에서 고객을 만나고 와서 "한 시간 동안 상품 설명을 자신 있게 했습니다."라고 자랑하기도 한다.

과연 고객에게 말을 많이 하는 게 자랑거리일까? 그 고객은 영업사원의 말을 전부 귀담아들었을까? 상대가 그다지 흥미를 느끼지 않는 내용까지 줄줄이 말하는 건 일종의 민폐다.

캐치볼(catch ball)로 비유하면 상대에게 50개의 공을 한꺼번에 던지면 한 개도 제대로 받을 수 없듯, 말을 듣는 사람도 처음엔 호감을 느껴도 얘기가 길어질수록 피곤함을 느끼고, 결국 집중하지 못한다. 또한, 말하는 사람도 고객에게 실수할 여지가 있다. 고객에게 상품 설명을 잘하는 비결은 먼저 '하면 안 되는 말'을 정확히 인지한 후, 말을 하는 것이다.

고객에게 절대로 해서는 안 되는 말들

고객들과 말을 하다 보면 말실수를 하게 되는 경우가 많다. 때로는 한마디 말이 나쁜 상황을 만들기도 한다. 하지만 고객은 당신의 상황에는 아무런 관심이 없다. 당신이 할 것은 처한 상황을 더 낫게 하는 말을 해야지, 더 나쁘게 하는 말을 해서는 안 된다는 것이다.

고객에게 절대 말하면 안 되는 두 가지 말을 소개한다.

▶ 첫째, "아직도 모르세요?"

대화에서 질문과 대답은 꼭 필요할 요소지만, 진정성 있는 질문이 아닌 쓸데없는 관심으로 상대에게 질문 세례를 던지는 사람이 있다. 차라리 이럴 땐 아무 질문도 안 하는 게 고객과의 관계에 도움이 된다. '바보는 말하지 않는 사람이다. 그러나 말하는 멍청이보다는 바보가 낫다'라는 말처럼, 예의 없는 질문은 하지 않는 것이 좋다.

우리는 상대에게 상처 주는 질문을 너무 많이 사용한다. 특히 고객에게 상품을 설명하겠다는 명분으로 자기도 모르게 고객을 무시하는 일도 많다. 만약 상대 고객의 경험과 생각을 무시하는 질문을 한다면 절대로 상품을 구매할 리 없다. 고객을 무시하는 게 아닌, 고객의 정체성과 주체성을 인정하는 질문을 해야 관계에도 세일즈에도 효과적이다.

세일즈에 효과적인 질문 원리를 알면 해결할 수 있다.
몇 가지 예를 들어보겠다.

A   종신보험은 우리 회사가 최고죠. 혹시 아직 모르셨나요?
B   우리 회사의 종신보험이 고객님의 니즈에 잘 맞는다고 생각합니다. 혹시 제가 놓치고 있는 부분에 대해서 조언해주실 말씀 있으신가요?

여러분은 어떤 영업사원과 이야기를 이어갈 것인가?

A 회는 간장에 찍어 먹어야지, 못 먹는 사람이 초장을 찍어 먹는데… 아직 모르셨나요?

B 저는 회를 간장에 찍어 먹습니다. 초장도 찍어 먹어보고 싶은데, 어떻게 먹으면 맛있나요?

과연 당신은 어떤 지인과 또 만나고 싶은가?

상대를 무시하는 질문이 아닌, 상대의 생각을 물어보는 질문을 해야 한다. 자기 말은 최소화하고, 상대방이 잘 할 수 있게 질문하는 것이 고객의 셀링 포인트(selling point)를 알아낼 수 있는 중요한 스킬이다.

▶ 둘째, "요즘 ~답지 않게 성실해요."

흔히 서양은 개인주의, 동양은 집단주의라고 말한다. 그런데 한국은 집단주의보다 관계주의에 가깝다. 관계주의는 타인의 선택에 따라 자기 의견을 바꿀 수 있는 관계 지향적 삶의 태도다.

한국인은 관계를 중요하게 여기는 심리 탓에 '내가 한턱낼게'와 같은 말을 자주 사용한다. 누구를 소개할 때도 우리 가족, 우리 회사처럼 '우리'라는 표현을 쓴다.

이렇듯 관계주의 사회인 한국에서는 절대로 상대의 관계를 건

드리거나 비하하면 안 된다.

　판매자들이 고객을 상대할 때 흔히 하는 실수가 있다.

　"고객님은 요즘 20대답지 않게 성실하시네요."

　고객은 칭찬인듯한 말에 잠시 기분 좋았다가도 혼란에 빠진다.

　'저 말은 내가 요즘 20대랑 다르게 산다는 뜻인가?'

　'나만 혼자 다른 선택을 하는 건가?'

　혹시라도 상대의 관계를 무시하거나 비하하지 않았는지 주의해야 한다. 특정 단어만 주의할 게 아니라 관계 심리를 이해한 후 상황에 맞게 활용해야 한다. 관계란 꼭 인간관계만 말하는 게 아니다. 고객이 이미 선택하고 구매한 브랜드, 예전에 구매했던 브랜드 등이 모두 관계임을 인지해야 한다.

*

치열하게 성공만 바라보고 살아라.

인생에 변명을 지우고 이유만 만들어라.

8

무례한 고객을 내 편으로 만드는
3가지 방법

고객을 응대하는 과정에서 고객에게 모욕적인 말을 듣거나 내 귀를 의심할 만큼 듣기 힘든 욕설을 들은 적도 있을 것이다. '진짜… 고객만 아니었으면…' 싶을 만큼 참기 힘든 순간, 그럼에도 불구하고 무례한 고객과 대화를 지속해야 하는 게 판매사원의 숙명이다.

무례한 고객을 만났을 때, 어떻게 대처하는 게 좋을까? 대처하는 방법은 여러 가지가 있지만, 가장 효과적이고 즉각적인 것은 바로 회피하는 것이다. 거의 모든 사고의 대처법이 '사전 예방'이듯 인간관계에서 벌어질 수 있는 문제점을 미리 차단하는 게 나을 수 있다.

그러나 앞서 밝힌바 당신이 판매 영업사원이라면, 회사에서 을의 위치라면, 무엇보다 당신과 고객이 이익 관계에 있다면 마냥 회피하는 건 쉬운 일이 아니다. 그렇다면 도대체 왜 고객은 날 무례하게 대하는 걸까? 그들의 심리는 물론 무례한 고객을 내 편으로 만드는 방법을 하나씩 짚어보자.

고객의 심리를 파악해
고객과의 거리를 좁혀라

만약 당신이 신발을 사고 싶다면, 주변 사람들의 신발밖에 안 보인다. 코 수술을 결정했다면 지나가는 사람들의 코밖에 안 보인다. 이렇듯 사람은 보고 싶은 것만 보고, 듣고 싶은 것만 듣는다. 하물며 고객은 자기 피 같은 돈을 써야 하기에 그 대가를 반드시 기대할 것이다.

▶ **고객은 '듣고 싶은' 말만 듣는다는 걸 명심하라.**

상품을 구매하는 고객들은 본인이 '듣고 싶은 방향'으로 듣고, '보고 싶은 방향'으로만 본다. 쉽게 말하여 판매자가 상품의 단점을 '100'이라고 설명해도 고객은 '10'으로 듣고 그 상품을 구매했을 확률이 높다. 만약 고객에게 불만이 있다면, 그건 판매자가 상품설명을 제대로 안 한 것이 된다.

우선 사과부터 하자. 그리고 인정하자. (물론 인정하기 싫겠지만) 대개 고객과의 갈등은 "난 잘못이 없어. 설명도 잘했고, 문제가 될 만한 행동도 안 했는데… 도대체 왜 저러지?"로 시작된다. 잘못을 안 했는데, 누가 혼나는 걸 좋아할까?

아마 눈치챘을 것이다. 애초 고객은 원래 듣고(보고) 싶은 방향으로만 듣기(보기)에 불만이 생긴 것이고, 잘못한 게 없는 당신은 고객이 무례하다고 느낄 수밖에 없는 구조다.

사실 잘잘못을 따질 수 없는, 그저 관점의 차이로 벌어진 상황이다. 당신은 상품 판매자이고, 상대는 고객이다. 이때는 당신도 소비자이면서 동시에 판매자인 것을 잊지 말자. '세일즈맨이니 무조건 참아라'가 아닌 근본적인 구조와 심리를 안다면 한결 마음 편할 것이다.

당신의 잘못을 무조건 인정하라는 게 아니라 고객의 불만과 지금 상태의 기분을 인정해주라는 것이다.

"고객님께서 이런 말씀하게 해서 죄송합니다."

"바쁘신데 신경 쓰이게 해서 죄송합니다."

"저였어도 기분 나빴을 것 같습니다."

이 세상에서 과연 인정받는 걸 싫어하는 사람이 있을까? 그러

니 일단 인정하자. 그리고 마음을 담아 사과하자

▶ '컴플레인'과 '클레임'을 정확히 구분하고 파악하라.

앞서 고객이 왜 무례한지, 왜 인정하고 사과해야 하는지를 알아봤다. 이제는 해결할 때다. 먼저 컴플레인(complaint)은 고객의 주관적인 관점으로 감정에 의한 불만이나 잘못된 상황에 대한 불평을 의미한다. 예를 들면 "직원의 태도가 너무 불량해서 마음에 안 들어요, 서비스가 불친절해요" 등 불만을 제기하는 상황이라고 할 수 있다.

이런 경우에는 고객의 감정적인 반응과 잘못된 사실에 대한 안내가 필요하다. 쉽게 말해서 금전 혹은 물질적 보상보다는 진정성 있는 사과와 앞으로 개선을 약속하는 게 중요하다. 만약 직원이 불친절해서 컴플레인을 받았는데 상품권을 주겠다고 하면 "누굴 거지로 알아?"라는 답변이 나올 게 분명하다.

반면 클레임(claim)은 제도나 정책 등에 근거하여 피해 사실이 분명하고, 금전 또는 물질적인 보상이 수반되는 객관적인 관점에서의 문제이다. 예를 들면 배송된 제품이 파손되었거나, 음식에서 이물질이 발견되었을 경우라고 할 수 있다.

만약에 배송된 제품이 파손했는데 감정적 사과만 하고 "다음번에 구매하실 때 할인해 드리겠습니다."라고 말한다면 해결이 안 된다. 먼저 무례한 고객이 컴플레인을 한 건지, 클레임을 한 건지를 파악한 후 적절한 조치를 하는 게 가장 좋다.

고객은 무조건 보상을 바라는 게 아니다. 문제를 해결하고 싶은 건지, 단지 감정을 배설하고 싶은 것인지 파악 후 대응해야 한다.

▶ 고객과의 거리를 좁혀나가라.

무례한 고객을 '충성고객'으로 바꾸려면 고객과의 거리를 좁혀야 한다. 예전 보험영업을 할 때였다. 유독 한 고객이 내게 늘 컴플레인을 했다. 물론 고객 한분 한분 다 소중하지만, 무턱대고 나를 싫어하는 사람은 불편하기에 그 고객을 오히려 멀리했다. 문제는 내가 거리를 두자 그 고객은 더 크게 불만의 목소리를 내질렀다.

너무나 싫었다. 그러나 어쩔 수 없었다. 마음을 열고 고객에게 귀를 기울이는 노력을 했다. 그가 고객이 가진 불만은 정말 사소했다. 그는 자신이 연장자이니 가끔 찾아와서 인사하기를 바랐다. 힘든 일도 아니고, 가끔 내 얼굴만 비치면 되는 거였는데 도리어 내가 멀리한 것이다. 그렇게 고객과의 오해를 풀자 놀라운 일이 벌어졌다. 완벽한 내 편이 되어 새로운 고객을 더 소개해주는 것이었다.

매번 인사를 갈 때마다 고객을 소개받으니 나는 더 자주 찾아

가게 되었다. 한때 진상 고객이었던 그는 충성고객 이상의 키맨
(key man)이 된 것이다. 내가 겪은 사례처럼 당신을 힘들게 하는
고객이나 친구, 선배 등과의 거리를 좁히는 게 중요하다. 어쩌면
당신이 그들과 거리를 두어서, 그들이 당신을 힘들게 하는 것일
수 있다.

진상 고객을 충성고객으로
바꾸는 방법

진상 고객을 충성고객(키맨)으로 바꾸는 효과적인 방법은 다
음과 같다.

1) 커뮤니케이션 스킬(communication skill)
고객과 어울리며 친해지기 위해서는 다음 두 가지 행동력이
따라야 한다.

건강한 감정 키우기
감정에도 완급조절이 필요하다. 감정 상태에 따라 고객의 반
응이 엇갈릴 수 있으므로 내 감정이 예민하지 않게, 조급하지 않
도록 하는 게 무례한 고객을 대하는 첫 번째 단계이다. 피곤할 때

는 차라리 중요한 사람을 만나거나 일 처리를 뒤로 미루는 것도 방법이다.

상대 동작 따라 하기

심리학에 '미러링 효과(Mirroring Effect)'라는 게 있다. 상대의 동작이나 표정, 습관 등을 따라 하면 상대의 호감을 얻을 수 있다는 이론이다. 즉 의도적으로 고객의 동작을 따라 해서 서로 말하기 편한 분위기를 만들 수 있다. 무의식적으로 '당신의 행동이 옳다'라는 신호를 준다고 이해하면 된다.

2) 호혜성의 법칙

'호혜성의 법칙'은 상대에게 뭔가를 받으면 자신도 돌려주고 싶은 심리 효과다. 내가 뭔가를 숨김없이 말하면 상대도 그만큼의 이야기를 털어놓는다. 상대에게 원한을 사면 '당한 만큼 갚아준다' 복수심이 생기는 것도 같은 효과다.

복수의 반복성 법칙은 경계하되 호혜성의 법칙은 활용하면 좋다.

호혜성의 법칙 활용하기

첫째, 웃는 얼굴로 인사한다.

아무리 기본이라지만, 당신은 정말 웃고 있는가? 간혹 '너무 웃으면 날 우습게 보는 것 같아서 웃지 않는다.'라는 사람들이 있다. 큰 착각이다. 만약 누군가가 당신을 우습게 본다면, 당신이 웃어서가 아니라 당신이 잘못된 행동이나 말을 해서 그런 것이다. 무게감이고, 뭐고 일단 웃자. '웃는 얼굴에 침 뱉으랴'란 말이 그냥 나온 게 아니다.

둘째, 상대가 난처해 하면 먼저 말을 건다.

무례한 고객은 본인도 무례하다는 걸 안다. 스스로 '진상'이라는 걸 알고 감정적으로 떼를 쓰는 것이다. 유명한 유튜브 영상 중에 경찰과 다투는 사람에게 한 청년이 다가가 포옹을 해주니 우는 장면이 있다. 먼저 다가가자. 먼저 사과하자. 먼저 마음을 담은 말을 걸어주자.

셋째, 상대가 하는 일을 칭찬한다.

상대의 직업이든, 취미든, 관심사든 상대를 칭찬하는 건 큰 효과가 있다. 고객의 하는 일에 관심을 기울여 칭찬해 보자. 본인이 시작부터 지금까지, 왜 그 상품을 왜 선택했으며 스스로 얼마나 현명한 결정을 했는지를 쉬지 않고 말할 것이다. 무례한 고객일수록 그의 일을 먼저 인정하고, 구체적인 표현으로 칭찬한다면 나에 대한 호감도가 급상승할 것이다.

9

성공을 간절히 바라면
누구나 성공할 수 있을까?

피그말리온(Pygmalion) 효과라는 게 있다. 간절히 바라면, 긍정적으로 생각하면 정말 현실로 이루어진다는 것이다. 그러나 성공을 간절히 바란다면 누구나 성공할 수 있는 것일까? 현실에서 성공하는 사람들은 소수일 뿐이다.

영업인이 성공하는 방법은 크게 '개척 영업'과 '소개 영업'이 있다. 말 그대로다. 스스로 개척하는 영업과 누군가에게 소개받는 영업 두 가지로, 개인적으로는 소개 영업이 개척 영업보다 100배는 쉽다고 생각한다.

대개 영업인들은 새로운 신규고객 모집에 혈안이다. 기존 고객은 '어항에 잡아둔 물고기'라 여겨서인지 크게 신경 쓰지 않는다. 사실 기존 고객을 관리하는 비용이 신규고객 모집에 드는 비용보다 훨씬 적다. 게다가 기존 고객은 자기 지인들을 소개해주는 등, 영업인이 직접 신규고객에 공들이는 것보다 효과가 좋다.

그렇다고 해서 지인 소개를 쉽게 해주는 건 아니다. 기존 고객이 영업인에게 정말 만족하고, 진심으로 감동하지 않으면 굳이 굳이 자기 지인들에게 영업인을 소개하지 않는다.

효율적으로 일하고
크게 성공하는 방법

자, 답이 나왔다. 기존 고객을 만족시켜 감동을 준다면, 자연스럽게 지인 소개까지 가능하다. 앞장에서 이미 '고객의 지갑을 여는 것을 뛰어넘어서 고객이 직접 찾아오도록 하는 게 소비 프로파일링'이라고 밝힌 바 있다. 상품전문가가 아닌 '고객 전문가'가 되어야 한다고도 말했다.

고객 전문가란 단순히 고객의 말만 듣는 것이 아닌, 그 고객이 원하는 것이 무엇인지 전체를 이해할 수 있는 사람이다. 고객이 진정으로 원하는 바를 미리 알고 관계를 유지하여 영업 분야에서 번창해 나간다는 것이다.

▶ 기존 고객의 만족과 감동을 최우선으로 추구하라.

우리는 고객 전문가로서 기존 고객에 더욱더 집중해야 한다. 고객이 나에게 상품을 사지 않는다면 '왜 사지 않았는지'를 고민하고 연구해보자. 준비한 대책이 있다면, 그 고객에게 물건을 팔 수 있다.

반대로 나에게만 상품을 샀다면 '왜 샀는지'를 철저하게 분석해 더욱더 그 부분에 에너지를 쏟아부어야 한다. 고객 없이는 영업인도 있을 수 없다. 고객에게 깊은 만족과 감동을 전할수록 판매력은 높아질 수밖에 없다.

우리 몸은 하나고 에너지의 총량도 정해져 있다. 따라서 최소한의 노력으로, 최대한의 효과를 내려면 고객이 원하는 방향만 정확하게 알면 된다. 사람은 누구나 하루 24시간을 똑같이 산다. 그런데 누구는 성공하고, 누구는 실패한다. 성공 요인에는 많은 요소가 있지만, '누가 더 효율적인가'가 성공과 실패를 판가름한다.

당신은 과연 효율적으로 일하는가? 다음 장에서 고객의 심리를 분석하여 어떻게 효율적으로 대할 수 있는지를 공개하겠다.

PART 4

상대방의 심리를 파악하고
공략하는 구체적인 방법

상대방의 성격과 유형에 따른
심리 공략법

　겉모습이 주는 이미지가 중요한 현대사회에서 자기 존재를 세상에 알리는 방법 중에서 하나는 '좋은 옷'을 입는 것이다. 옷을 입을 때 어느 특정한 감각이나 스타일을 패션(Fashion)이라고 부른다. 패션이 경쟁력으로 여겨지는 요즘, 패션 감각도 능력인 시대이다. 패션에는 사람들의 태도가 반영되어 지위, 부, 철학, 도덕, 신체적 특징 등이 담겨있어서 패션을 통해 그 사람의 생활상을 엿볼 수 있다.

　패셔너블(Fashionable)하다는 건 자기 장점에 맞춰 비싸고 좋은 옷을 사는 것도 맞지만, 그보다는 자신의 체형 단점을 정확히 파악해서 그 단점을 커버하는 방법을 아는 것이 패션 감각이 있는 것이다. 아무리 몸매가 좋은 사람이라고 해도 자기 몸집에 비해 작은 옷이나 큰 옷을 입었다고 상상해보자. 그만큼 웃긴 상황도 없을 것이다.

세일즈 상황에서 고객도 마찬가지이다. 고객은 늘 표정에서, 성격에서, 옷 입은 스타일에서 자신의 소비 성향을 드러냄과 동시에 자신의 심리 상태를 내비친다.

고객의 심리에 따른
세일즈 공략법

고객 성격과 유형에 따른 '무장해제 방법'을 분석해보자.

1) 사치스러운 사람

사치스러운 사람은 한 눈에 봐도 티가 난다. 옷을 입어도 브랜드의 로고를 누구든 알아차릴 수 있을 정도로 티를 낸다. 이런 부류 고객의 심리와 공략법을 알아보자.

사람은 누구나 물건에 대한 욕심이 있고, 원하는 것을 가지고 싶어한다. 하지만 사치스러운 사람은 본인의 주머니 사정보다 더 무리한 소비를 한다. 무리한 소비를 했기 때문에 제대로 티가 나는 물건을 사고 싶어하는 것이다.

그들은 계획도 없이 돈을 마구마구 써버린다. 이렇게 돈을 마구마구 써 버리고, 사치를 하는 사람들은 평소에 억눌려 있던 스트레스나 콤플렉스를 소비로 해소한다. 그들에게는 '공허한 마음을 충족시키고 싶다'라는 욕구가 있어, 소비를 제어하지 못한다.

이런 고객들에겐 그들이 구매한 옷이나 누가 봐도 무리하게 비싼 물건을 소유한 것에 대하여 칭찬해 보자. 그리고 "저도 그 물건을 사고 싶어서 고민 중인데, 어떻게 구매하는 게 현명한가요?"라는 식으로 도움을 요청해 보자.

그리고 이들과는 약속 시간을 잡거나 대화할 땐 앞뒤로 충분한 시간을 할애하라. 고객이 "이 사람이 나를 위해서 시간을 빡빡하게 잡았네"라고 생각하는 순간 등을 돌릴 것이다. 이들에게는 자신을 진정으로 대접하는 태도와 인정이 필요하다.

2) 절약하는 사람

대화 중에 혹은 외모적인 스타일에 절약적인 것을 강조하는 고객이 있다. 이들은 생활력이 강하고, 자신의 가치관이 뚜렷하다. 절약하는 사람들은 '내 힘으로 절약해서 이만큼 여기까지 왔어'하는 자기효능감(Self-Efficacy)을 얻기 위해 점점 더 절약하는 행동에 빠져든다.

냉정하게 말하면, '나는 집안이 좋은 것도 아니고, 잘난 것이 없으니 절약해야 성공할 수 있어! 그러니 절약해야 해, 절약해야 해'라는 생각을 스스로 하고 있을 확률이 높다.

이런 고객에게 "너무 절약하시는 게 성공 방향이 아닙니다."라는 식으로 말하며 고객의 노력을 무너트리는 멘트를 하면 절대로 안 된다. "이 상품을 사시는 게 절약하시는 겁니다. 지금 이 상품에 가입하시는 게 계산해 봤을 때 더 절약하시는 겁니다. 돈 버시는 거예요."라는 식의 말을 건네보자.

고객은 그동안 본인의 노력이 헛되지 않았다는 생각에 자기 안도감을 느낄 뿐 아니라 당신의 말 한마디에 감동할 것이다. 절약 습관이 몸에 밴 고객의 내면에 있는 '나는 보잘 것 없어. 그러니 절약이라도 해야 해'라는 마음을 더욱더 들쑤시면 안 된다.

오히려 고객을 특별한 사람으로 여기며 "그런데 외모에는 전혀 절약을 안 하시나 봐요? 옷도 잘 입으시고, 빛이 나세요"라는 식의 말로 고객을 만족시켜야 한다.

3) 보수적인 사람

당신이 상품 설명이나 어떤 계획을 제안할 때 의심하면서 보수적으로 받아들이는 고객을 만난 적이 있을 것이다. 이들은 일반적인 고객들에 비해 더 많은 자료를 요구하고, 본인 스스로 많은 정보를 수집하고 공부를 많이 해온다.

보수적인 고객들의 특징은 항상 결정을 미루고, 지금 당장 계약하지 않는 이유를 장황하게 변명을 늘어놓는다. 그들은 스스로 선택한 결과물에 대한 책임을 지는 것은 싫어한다. 즉 미리 실패를 예측하여 그 원인이 자기에게 없다는 것을 주장하기 위해 예방책을 세우는 것이다.

이들의 내면은 실패를 두려워하는, 그 실패의 원인이 본인이 아니기를 바라는 심리라고 보면 된다. 이런 보수적인 고객을 대할 때는 상품의 장점 위주로 소개하는 것보다는 "이 상품은 단점이 없다"라는 식으로 설명하는 게 효과적이다.

예로 신발을 판매한다고 가정했을 때 "이 신발을 구매하시면 멋진 스타일을 연출할 수 있다"라 소개하지 말고, "이 신발은 유행을 타는 신발이 아닌 기본 아이템이기 때문에 갖고 계신 어떤 옷과도 잘 어울리고, 착용감도 편안해서 매일매일 신을 수 있습니다."처럼 '단점이 없다.' 위주 설명으로 고객의 불안감을 해소해 주는 게 우선이다.

4) 뒷담화하는 사람

수많은 고객을 만나다 보면 상습적으로 자기 이야기보다 남의 이야기를 하며 타인이 없는 자리에서 뒷담화하는 게 일상인 사람을 만날 때가 있다. 처음에는 함께 맞장구치며 응수하지만, 대화할수록 점점 지치고 나까지 힘들어지는 경우가 대부분이다. 이처럼 뒷담화나 남의 이야기를 교묘하게 옮기는 고객의 심리는 무엇일까?

먼저 뒷담화하는 사람들의 공통점은 '지금 행복하지 않다'라는 것이다. 늘 불안한 상태이기에 나보다 못난 사람이 주변에 있어야 하며, 그들을 통해 상대적 우월감을 가진다. 그들은 자신의 가치를 올리기 위해 타인의 가치를 낮추며 거기에 오는 자기 만족감에 빠진다. 그러면서 '나는 그래도 괜찮다'라는 식의 '못난 안녕감'을 갖는다.

예로 "내 주변에 주식으로 3천만 원을 날린 멍청한 친구가 있어."라고 말하는 사람은 본인이 3천만 원보다 약간 낮은 금액을 주식이나 도박으로 잃었을 확률이 매우 높다. 또 뒷담화보다 더 안 좋은 것은 다른 사람의 말을 왜곡하여 타인에게 옮기는 것이다. 예를 들어 "A가 B를 싫어하더라."라 말하는 사람이 있을 때, 사실 A가 B를 싫어하는 게 아니라, 자신이 B를 싫어하면서 그걸 솔직하게 말하기 싫으니 있지도 않은 A를 이용해 자기감정을 드러내고 책임을 회피하려는 심리가 있다.

이런 사람을 고객으로 만난다면 절대로 타인에 대한 뒷담화나 흉보기를 공감하지 않는 게 좋다. 만약 함께 공감하며 웃고 떠들어준다면 처음에는 당신에게 호감을 느끼다가 나중에 '이 사람이 다른 곳에서 내 흉을 보는 거 아니야?'라는 생각을 하게 된다.

그렇다고 공감을 안 하면 그들은 당신과 거리감을 느끼며 멀어질 것이다. 이럴 때는 100% 공감하는 말보다는 "그 친구, 정말 유별나네요? 정말 특이한 사람이네요."처럼 어느 정도 공감하되 동조하지 않는 것이 가장 현명하다.

또한, 뒷담화하는 사람들은 자신이 남보다 못한 상황이라 생각하는 등 자존감이 낮은 상태이므로 자존감을 올려주는 말을 하는 것이 좋다.

"그런데도 고객님은 잘되셨네요!"

"그래도 고객님은 이런 부분이 좋으세요."

"고객님을 만나면 늘 즐겁고, 제 자존감을 올려주세요."

이렇게 상대방의 자존감을 올려주는 대화를 하면서 암묵적으로 흉이나 뒷담화가 아닌 주변 사람들을 칭찬하는 모습, 즉 '칭찬을 옮기는' 모습을 계속해서 보여준다면 어느새 고객도 당신의 영향을 받아 뒷담화나 흉보기가 아닌 칭찬하는 사람이 되어 있을 것이다.

5) 매우 감정적인 사람

대부분 영업사원은 업계와 직종에 상관없이 진상 고객을 만나본 경험이 있을 것이다. 때로는 영업사원의 실수로 불만을 품을 수도 있겠지만, 이들은 특별한 이유 없이 말도 안 되는 서비스를 강요하거나 꼬투리를 잡는 등 일반 상식 수준을 벗어나는 행위를 한다. 진상 고객은 피하는 게 좋다. 그러나 세일즈하는 처지에서 진상 고객은 결코 피할 수 없는 대상이다.

피할 수 없다면 즐기라는 말처럼 진상 고객을 대할 때 '즐길 수 있는' 현명한 방법을 소개한다. 가끔 고객을 만나 대화할 때 나는 그런 뜻으로 한 말이 아닌데도 마치 자신이 모독당한 것처럼 정색하며 욱하는 모습을 보이는 고객이 있다. 일상 속 평범한 대화에서 가벼운 농담을 던졌을 때 일반적인 반응 수치가 '1 정도'라면 진상 고객은 '10 이상'으로 반응한다.

물론 부당하고 무례한 태도를 보이는 진상 고객은 힘들다. 그러나 반대로 진상 고객의 관점에서 보면, 사실 본인도 그렇게까지 진상 부릴 생각은 없었을 것이다. 만약 상식 밖의 사람으로 상품을 사거나 계약할 경제적 능력이 없는 고객이라면 애초 고객 리스트에서 제외하면 그만이다.

문제는 충분히 구매력이 있는데 그날따라 유독 감정적으로 예민하거나 진상을 부리는 고객들이다. 이들에 대한 공략법을 간략히 소개한다.

첫 번째, 침착한 태도를 유지하기

진상 고객은 본인 스스로가 진상인 것을 알고 있다. 인간의 감정은 근육과 같다. 무리해서 운동한 다음 날, 온몸에 알이 배긴 것처럼 근육통을 앓는다. 마찬가지로 진상을 부리는 고객도 수많은 외부적 요인들로 '알이 배긴 감정'을 분노라는 감정으로 푸는 것이다.

이때 고객이 분노한다고 해서 감정적으로 동요하며 강경하게 대응할 필요는 없다. 선입견으로 고객을 판단하지 말고, 그저 '금방 지나가는 소나기다'라는 생각과 따뜻한 마음으로 고객의 있는 모습 그대로를 받아들이면 된다.

"고객님께서 그런 생각을 하게 해서 죄송합니다."
"예, 고객님이 느끼시는 게 무조건 맞습니다.
　제가 고객님을 도와드릴 다른 방법이 있을까요?"

이런 말로 고객의 마음을 받아준 후 문제 해결이나 책임을 고객에게 돌리는 게 올바른 대처법이다. 쉽게 말하여 고객에게 선택권을 줘서 더 이상의 진상이 생길 여지를 막으라는 것이다.

이때 중요한 건 고객의 기분이 어떤지(감정)와 무엇이 기분 나쁘게 했는지(사실)를 구분해서 들어야 한다. 그리고 고객에게 '해드릴 수 있는 것'과 '해드릴 수 없는 것'을 정확하고 확실하게 설명해야 한다(못 해 드리는 이유도 명확하게 말해야 한다).

두 번째, 공감하기

진상 고객의 분노를 가라앉히는 기본적인 방법은 공감하는 것이다. 진상을 부리는 고객은 사실 주변 사람들에게 공감을 못 받았을 확률이 높다. 공감을 표하는 데에 특별한 방법은 없다. 이런 고객에겐 무조건적인 무한 공감을 해주자. 딱히 할 말이 없다면 "예, 그러셨군요" 등의 맞장구를 치고 표정으로 공감하는 듯한 모습을 보여주면 된다.

세 번째, 역으로 질문하기

진상 고객은 자신의 상황과 불만, 화가 난 이유 등을 두서없이 쏟아낼 것이다. 이때 조심스럽게 고객에게 물어보자.

"고객님, 혹시 오늘 좋지 않은 일이 있으셨나요?"

인간은 누구나 이성적으로 생각하고 행동하려는 사회적 동물이다. 즉 자신의 기분이 태도가 되는 것을 싫어하는 마음을 역으로 이용하는 것이다. 간단한 질문만으로 진상 고객은 스스로 이성적인 판단을 하고자 쓸데없이 풀어 놓던 분노를 접고 자기 태도를 바꾸는 경우가 많다.

이후 고객의 감정이 진정되면 소나기가 그치고 무지개가 뜨는 것처럼, 반드시 당신에게 감사 표시를 할 것이다. 깐깐하고 진상인 고객이 내 편이 된 순간, 그때부터는 모든 게 잘 풀린다.

6) 고집이 센 사람

세일즈를 하면서 고집이 센 고객을 만나본 경험이 있을 것이다. 이런 고객은 일상적인 생활에서도 자신만의 가치관과 기준이 확고해서 항상 자기 생각과 말이 옳고, 다른 사람의 의견을 받아들이는 것을 자존심 상하고 지는 것으로 생각한다. 새로운 정보를 전달해도 도무지 듣지 않아서 주변 사람들은 피곤함을 느낀다.

이렇게 고집이 센 고객은 어떻게 설득하면서 다가가야 할까? 먼저 고집 센 사람들의 심리를 알아보자. 이들을 떠올리면 타인에게 억지를 부리며, 결코 주변에 맞추려 하지 않는 등 부정적 이미지가 떠오를 것이다. 그러나 달리 생각해보면 이들은 우유부단하지 않고, 성격이 올곧은, 즉 겉과 속이 다르지 않은 사람이라고 해석할 수 있다.

인간이 삶 속에서 즐거운 기억이 머릿속에 오래 자리 잡는 것을 유쾌 경험(Experience Happiness)이라고 한다. 고집이 센 사람일수록 이 유쾌 경험이 자기 삶의 기준이 되었을 확률이 매우 높다. 흔히 나이가 들면 '고집불통'이라고 불리는데 바로 유쾌 경험이 많이 쌓여서 외부 판단력이나 사고의 유연성이 쇠퇴한 것이 그 원인이다.

이런 고객들에게 상품을 소개할 때 주의할 점은 "이 상품 말고 다른 상품은 불편합니다", "지금 안 하시면 나중에 손해가 더 큽니다" 식의 충격 화법을 하지 말아야 한다. 반대로 이 상품을 구매함으로써 더욱더 즐거운 삶을 살 수 있다는 방식의 세일즈가 적합하다. 고집 센 사람들의 공통점은 고정 관념이 정말 강하다는 것이다. 이들은 고정된 견해와 사고로 명확한 근거 없이 감정적 판단에 휩쓸린다. 예로 '경찰관은 분명 정의로울 거야'라거나, '특정 지역에 있는 사람들은 절대 믿지 못해.' 등, 직업과 소속 집단, 성별 등에 따른 단순 이미지로 상대를 판단하고 결정한다.

그러나 이런 고객은 개인 브랜딩을 잘한다면 오히려 쉽게 공략할 수 있다. 만약 당신이 보험설계사라면 안 좋은 보험을 분석해서 알려주는 '보험 분석사'로 소개하거나, 옷을 판매하는 사람이라면 고객의 체형에 어울리는 옷을 골라 스타일링 해주는 패션 스타일리스트로 소개한다면 보다 쉽게 고객을 대할 수 있다.

7) 우유부단한 사람

세일즈를 할 때 가장 답답하고 진도가 안 나가는 고객으로 우유부단한 고객이 손꼽힌다. 사소한 일 하나에도 결정을 내리지 못한다. 이들은 특별히 힘든 부분도, 짜증 나게 하는 것도 아니지만, 엄청난 에너지를 소비하게 하는 유형이다. 아무리 명확한 설명을 해줘도 선택을 망설이는 우유부단한 고객들은 어떻게 상대해야 할까? 우유부단한 사람의 내면에는 자신이 직접 결정을 내리는 것에 대한 위험부담과 '책임을 피하고 싶다'라는 심리가 있다.

누구보다 다방면으로 알아봐도 고민을 많이 한다는 건 '나 혼자만 잘못된 선택을 하지 않을까'하는 두려움으로 동조행동을 자주 취한다. 동조행동(conforming behavior)이란 타인에게 미운털은 박히기 싫고, 주변과 동떨어지는 걸 싫어한 나머지 주변에 자신을 맞추는 심리 상태를 말한다.

이들은 자아가 약해서 소속된 집단이나 타인에게 자신을 맞춤으로써 그들의 비난을 회피하려는 경향이 크다. 가장 쉬운 예로 자신이 새로 산 옷을 본 누군가가 "그 옷, 별로인데?"라고 말하는 것을 두려워한다.

이런 우유부단한 고객을 상대할 때는 정확한 통계가 효과적이다.

"고객님보다 앞서 부자가 되신 분들의 90%가 이 상품을 선택하셨습니다."
"세계적인 부자가 많기로 유명한 유대인들은 모두 보험으로 부를 축적했습니다."

이런 말로 고객이 선택한 상품에 대한 안정감을 주는 동시에, 다수 의견에 맞추는 것을 간접적으로 강제하는 동조압력(Peer pressure)을 적절하게 활용한다면 성공적인 세일즈를 할 수 있다.

8) 지나치게 겸손한 사람

옛말에 '모난 돌이 정 맞는다'라는 말이 있다. 너무 잘난척하면 다른 사람에게 미움을 받는다는 뜻이다. 물론, 타인을 존중하고 자신을 낮추는 겸손은 상대에 대한 기본적인 예의다. 그러나 항상 겸손한 태도를 유지하는 게 좋기만 한 것은 아니다. 간혹 고객 중에서 지나치게 겸손한 사람을 만날 때가 있다.

자신을 낮추는 지나치게 겸손한 고객의 심리는 무엇일까?

첫째, 자신을 낮추고(자기 비하) 상대방을 띄워서 인간관계를 원만하게 만드는 행동이다. 이런 행동에는 상대방에게 미움받는 것을 두려워하는 심리가 숨어 있다.

둘째, 본인조차 자기 발언을 믿지 못하여 자신을 낮게 평가하는 마음이다. 어떤 행동을 하기 전에 지나치게 겸손하고 자신을 낮춘다는 건 스스로 자신감이 없다는 뜻이다. 또한, 미리 겸손한 발언을 통해 본인의 무능함을 지키려는 자기 불구화(Self-Handicapping)일 확률이 높다. 즉 자신의 무능함을 겸손으로 포장하는 것이다.

이런 고객에게 세일즈를 할 때 효과적인 방법은, 그 사람의 인간관계에 좋은 영향을 미칠 거라는 예시를 들어주는 게 좋다.

"보험은 사고가 났을 때 나를 지키는 것도 있지만, 혹시라도 내가 남에게 줄 피해를 충분하게 보상해 줄 수 있는 안전장치입니다."

"백신은 나를 위해서 맞는 것이지만, 다른 사람에게 피해 주지 않기 위함이기도 합니다."

이런 식으로 여러 가지 보기를 설명하고 고객에게 선택을 바라는 방식보다는, 고객에게 상품 구매의 필요성을 정확하게 하나씩 집어주면서 구매를 유도하는 게 효과적이다.

9) 화를 잘 내는 사람

세일즈를 하다 보면 보통 사람은 상상조차 할 수 없는 별의별 사람을 만나게 된다. 특히 앞장에서 설명한 것처럼 '영업사원'이라는 이유만으로 버럭 화부터 내는 고객들도 많다. 가능하다면 이런 고객은 피하고 싶겠지만 어쩔 수 없이 반드시 만날 수밖에 없는 게 영업사원 혹은 자영업자들의 숙명이다.

나 역시 보험 영업을 하면서 마치 화내는 게 자랑인 것처럼 쉽게 화내는 고객을 하루에도 수없이 만나봤다. 그러면서 생각해봤다.

'도대체 왜 그들은 화를 쉽게 내는 걸까?'

'겁이 많은 개일수록 더 큰소리로 짖는다'라는 말처럼 화를 잘 내는 사람은 겁이 많고 불안감이 큰 탓에 자신을 지키려는 방어 기제(Defense Mechanism)가 작용하는 것이다. 이런 사람들은 자기 인생이 지금까지 생각대로 되지 않았다는 자신감 결여와 나약함, 그리고 불안한 감정을 항상 가지고 있다.

이런 자기 모습을 남에게 들키고 싶지 않아서 쉽게 분노하는 경우가 많다. 사실 세일즈맨도 사람인지라 분노 감정을 대하는 것은 어렵다. 마음 같아서는 그냥 모든 걸 뒤집어엎고 싶을 것이다.

그렇다면 이런 고객은 어떻게 대처해야 할까? 소비심리학적 관점에서 보면 일단 상품설명은 물론 판매하지 않는 게 좋다. 거센 소나기는 지나가기를 기다리는 게 좋은 것처럼 화난 고객은 피하는 게 좋다. 대신에 그 고객과 친해지려는 노력이 필요하다. 상품 판매보다는 '나는 당신의 편'이라는 것을 계속 인지시켜주는 것이 공략법이다.

쉽게 화내는 사람은 자신에게 다가오는 사람이 거의 없어서 외로웠을 것이다. 이런 심리를 이용해 당신이 먼저 아무렇지도 않게 다가간다면 의외로 쉽게 친해질 수 있다. 고객이 화난 상황은 곧 당신에게 기회이기도 하다. 자기 뜻대로 된 기억이 거의 없으므로 상품설명을 할 때 고객 자신이 상품의 옵션을 만들어 간다는 느낌의 대화법이 중요하다.

"고객님이 패션을 잘 아시는 것처럼 고객님 체형에는 검은 바지가 어울리십니다."
"고객님이 이미 아시는 것처럼 혹시 화이트 셔츠는 어떠세요?"
"딱 보니까 저보다 고객님이 차를 더 잘 아시는 것 같아요. 역시 옵션은 A가 좋으시죠?"

이런 식으로 고객 스스로 하나하나 이뤄가고 있다는 방식의 대화법과 소구(訴求, appeal)법을 활용한다면 좀 더 수월할 수 있다.

10) 잘난척하는 사람

이 부분을 쓰면서 마치 나 자신을 바라보는 것 같아 뜨끔했다. 공부하는 내내 필자 또한 얼굴이 화끈거렸지만, 나 자신을 용기 있게 마주하는 것도 공부이기에 스스로 '내가 제일 잘났다'라고 생각하는 이들에 대해서 이야기해 본다.

'나르시시스트(Narcissist)'란 오직 자기 자신을 사랑하거나 훌륭하다고 여기는 사람을 뜻한다. 〈그리스 신화〉에 나오는 미소년 나르키소스(Narcissos)가 호수에 비친 자기 모습에 반했다는 신화에서 유래한 말이다. 인간은 성장 단계에서 먼저 자신을 사랑하는 법을 배우고, 그다음 자신 이외 타인을 사랑하는 시기를 맞이한다고 한다.

그런데 아무리 시간이 지나도 타인을 사랑하는 방법을 배우지 못하면 나르시시스트가 되는 것 같다. 물론 자기애(自己愛)가 나쁘다는 게 아니다. 단지 '자신만' 사랑한다는 건 아주 다른 문제다. 타인을 사랑하지 못한다는 건 자기를 인정하지 않는 타인까지 이상한 사람으로 여길 수 있다.

따라서 나르시시스트 성향이 강한 사람을 상대할 때는 그가 다른 사람을 인정하지 않는 특징을 고려해서 자칫 그 사람과의 관계성을 무너뜨리면 안 된다. 그 사람이 좋아하는 것을 공감해주고, 그 사람이 싫어하는 것을 잘 파악해서 싫어하는 주제가 나왔을 때는 재빨리 대화의 주제를 바꾸는 게 좋다.

또한, 나르시시스트가 아니어도 대개의 모든 사람은 남에게 인정받기를 원하는 자기현시욕(Endeavour for Recognition)이 있다. 쉽게 말해 자기 자랑을 많이 하고, 허세가 많은 사람인데 이런 유형의 고객에게는 그가 하는 이야기에 흥미를 갖고, 끊임없이 인정해주며, 그 고객이 속한 그룹에서 주목받을 수 있게 도와주는 게 세일즈 포인트다.

*

도전할 때 수지타산을 따지지 말고 시작부터 해라.

성공한 사람들은 처음에 '미친놈' 소리부터 들었다.

'내가 나'인 걸 들러리들에게 납득시키려 애쓰지 마라.

모든 걸 다 할 수 있고,

원하는 어떤 것이든 다 될 수 있는 당신이다.

상대방의 선택과 결정은
타이밍이다

홈쇼핑 방송에서 상품을 팔다 보면 실시간으로 현황판을 볼 수 있다. 지금 몇 명의 고객이 접속해 있는지, 목표 대비 주문 수량을 얼마나 달성했는지, 매출은 얼마인지 등을 알 수가 있다. 홈쇼핑의 핵심은 쇼호스트와 상품이다. 확실한 상품이라면 쇼호스트의 역량에 따라 매출의 차이가 크다.

그런데 방송 중에 2가지 양상이 벌어진다. 접속자 수(고객 수)가 적은데 구매 확정이 빠르기도 하고, 또 접속자 수는 많으나 구매로 이어지지 않는 일도 있다. 과연 어떤 게 더 좋은 방송이었을까? 물론 가장 좋은 건 '많이 접속해서 많이 사는' 것이지만, 일반적으로 '적게 접속해서 많이 사는' 즉 구매 전환율이 높은 게 좋은 방송이다.

이런 홈쇼핑에서의 상황을 당신에게 대입해보자. 당신이 고객에게 많은 설명을 했는데도 판매가 되지 않는다면, 고객이 구매를 결정하지 못하는 상황이라면 그 이유는 무엇일까? 간단하다. 고객이 결정 장애(선택 장애) 상태에 빠진 것이다.

당신이 한 설명 중 어떤 부분이 고객의 결정을 막았는지, 또 어떻게 해야 구매하는지를 알아보자.

결정 장애 있는 고객을
빠르게 선택하게 하는 법

'결정 장애(Indecisivenss)'란 어떤 행동이나 태도를 정해야 할 때 결단을 내리지 못하고 망설이기만 한다는 뜻으로, 독일에서 기자와 작가로 활동하는 올리버 예거스(Oliver Jeges)가 독일의 일간지 〈디벨트(Die Welt)〉에 발표한 결정 장애 세대(Generation maybe)에서 처음 사용한 용어다.

1980년대에 태어나 1990년대에 학창 시절을 보낸 당시 젊은 층을 지칭한 이 용어는 1982년생인 올리버 예거스 자신도 결정 장애 세대임을 밝히며, 젊은이들의 특징을 관찰하여 분석해냈다. 물론 유럽 젊은이들의 이야기이지만 그들의 관념이나 가치관 등은 놀라울 만큼 우리나라 젊은이들과 비슷하다.

결정 장애 세대는 무엇에도 확신이 없고, 어떤 것도 쉽게 결정하지 못한다. 그래서 '아마도(Maybe~)'처럼 애매모호한 말을 많이 쓴다. 그러나 이런 현상은 이들의 나약함이 아닌 '급격한 사회 변화'에서 원인을 찾을 수 있다.

이들은 아날로그 시대에 태어나 세상이 디지털화하는 광경을 보며 자라난 세대이다. 즉 스마트폰 사용이 익숙하며 진지한 고민과 사고는 어렵다. 지금은 인터넷 매체를 비롯한 각종 소셜미디어를 통해서 수많은 정보를 실시간으로 검색할 수 있다. 즉 사회가 초고속으로 디지털화되어 '선택의 옵션'이 많아지면서 스스로 결정하는 일이 없어진 것이다.

'결정 장애'라는 키워드에서 중요한 포인트는 이것이다.

▶ **상품 선택의 폭이 너무 넓으면 고객은 선택 자체를 포기한다.**

과거에는 상품의 종류가 많을수록 유리하다는 의견이 지배적이었다. 그만큼 고객들이 선택할 수 있는 여지가 많아지기 때문이다. 하지만 지금은 그 반대다. 선택의 폭이 너무 넓으면 고객은 선택을 포기해버린다.

미국 콜롬비아대학교 비즈니스 스쿨의 쉬나 아이엔가(Sheena

Iyengar) 교수는 "상품의 종류가 많은 것이 반드시 좋은 것은 아니다. 고객이 상품 선택을 쉽게 선택할 수 있도록 유사 제품의 종류를 줄여야 한다"라고 주장했다.

아이엔가 교수는 잼 판매 실험으로 주장을 뒷받침했다. 캘리포니아의 한 식료품 마켓에서 처음에는 6가지 잼을 두고 고객들의 반응을 관찰한 결과 그곳에 있던 고객의 30%가 잼을 구매했다. 이번에는 24가지로 잼의 종류를 늘렸더니 오히려 구매율이 3%로 떨어졌다.

이러한 원인은 고객들이 상품을 선택하는 과정에서 나머지 기회를 포기해야 한다는 부담과 선택의 실패에 따른 두려움을 느껴서였다.

반드시 기억하자.

> ▶ **선택의 폭이 넓어지면 상대적으로 선택을 잘못할 가능성이 높아지며 이러한 부담으로 선택을 아예 포기하는 상황이 발생한다.**

상품을 살까 말까, 돈을 낼까 말까 고민하는 고객에게 상품 선택의 폭을 줄이는 것은 고객의 어려운 선택을 당신이 대신하는 것이다. 어려운 선택 앞에서 뒤돌아서려는 고객에게 "고객님의 상황에서 가장 합리적이고 현명한 선택은 바로 이 상품입니다"라고 시원하고 확신 있게 말해줄 수 있어야 한다.

고객의 이야기를 충분히 들은 후 니즈를 파악하고 고객에게 딱 맞는 상품을 골라서 한두 가지로 추려서 제안한다면, 고객은 더 이상 고민하지 않고 지갑을 열 것이다. 물론 고객이 무엇을 원하는지, 주변 사람에게 어떤 사람으로 비치고 싶은지, 원하는 가격대는 얼마인지 등 고객에 대한 충분한 파악은 필수다.

고비용 상품은 추천하고, 저비용 상품은 선택 폭을 넓혀라

그런데 여기서 궁금점이 생길 수 있다. 음식 메뉴가 많으면서 장사가 잘되는 식당은 무엇일까? 여러 선택지가 있는데도 장사가 잘되는 곳은 이유가 뭘까? 비싼 상품일수록 메뉴가 적어야 하고, 저렴한 상품일수록 메뉴가 많아도 상관없다. 김밥천국을 예로 든다면, 김밥, 라면 등 다양한 분식 메뉴가 있는데, 한 끼 평균값은 약 6천 원 정도다. 설령 메뉴를 잘못 선택해서 맛이 없어도 '그래 봤자, 6천 원 날렸네' 생각할 수 있다.

반대로 한 끼에 60만 원 정도 하는 고급 레스토랑을 갔는데 메뉴가 50여 개나 된다고 가정해보자. 비싼 돈을 내는데 먹어보지 않은 메뉴 중 선택하기란 쉽지 않을 것이다. 그런데 고급 레스토랑에는 '오늘의 코스' 메뉴가 있으며 고객들은 선택의 리스크가 줄어드는 기분을 느낀다. 즉 그날 최고의 재료로 셰프(chef)가 메뉴를 추천해주고, 선택부터 후식까지 결정해주기 때문에 고객은 결정 장애가 일어날 틈이 없다.

이처럼 당신도 당신이 팔고자 하는 상품의 가격대와 고객의 니즈를 정확히 판단한 후, 고비용의 상품은 추천해주고, 저비용의 상품은 고객의 선택을 도와주는 게 효과적이다. 저비용 상품일수록 결과에 대한 책임의 두려움이 낮아서 메뉴가 많아도 상관없이 장사가 잘되고, 오히려 선택의 폭이 넓어져 고객들의 호감을 얻을 수 있다.

감정 소모가 심하다면
빠른 손절이 답이다

세일즈에는 많은 것이 필요하지만, 고객 한 명 한 명의 소중함을 아는 것이 중요하다. 즉 그냥 팔기만 하려는 세일즈맨과 인연을 만드는 세일즈맨은 큰 차이가 있다. 그러나 아무리 고객이어도 (심지어 직장 상사여도) 손절이 시급한 사람들이 있다.

물론 세일즈를 하는 입장에서 누군가를 끊어내는 게 쉬운 일은 아니다. 또 어떤 사람을 끊어야 하는지 판단하기도 어렵다. 세일즈 10년 차인 나 역시 일을 하다 보면 제대로 사람을 판단하지 못해서, 그 사람과의 관계를 끊지 못해서 일주일을 송두리째 망친 경험이 있다.

게다가 아무리 나에게 경제적 이득을 주는 사람이어도 정신적인 피해는 물론 앞으로의 관계에서 마이너스가 되는 사람들이 있다.

당장 손절이 시급한
인간 유형 3가지

지금 당장은 도움이 되는 것 같지만, 언젠가는 나에게 막대한 피해를 줄 수 세 가지 유형의 사람을 소개한다.

1) 자신과의 관계에 상대를 가두는 사람

고객뿐 아니라 직장이 사회생활을 하다 보면 만날 수 있는 사람으로 정말 대하기 힘든 유형이다. 내가 보험회사 신입 시절 겪을 일로 계약 한 건 한 건, 고객 한 분 한 분이 정말 중요할 때 내게 이렇게 말하는 사람이 있었다.

"너 말이야. □□□와는 친하게 지내지 마."
"내가 걔 싫어하는 거 너도 알 텐데… 왜 만났어?"
"넌 그렇게 성공이 중요해? 그런 식으로 일하지 마!"

이렇게 '무조건 나만 만나, 왜 다른 사람을 만나? 너도 친하게 지내지 마' 식으로 나를 대하는 사람들이 있었다. 직장이나 업종이 문제였을까? 그렇지 않다. 이런 사람은 쇼호스트 신입 시절에도 있었고, 지금도 주변에 있다.

나도 처음에는 나에게 이득을 주는 사람 같아서 과감하게 끊어내지 못했었다. 하지만 이런 사람의 마음속에는 상대방의 인간관계를 좁게 만들어서 자신에게 종속시키려고 하는 의도가 깔려 있었고, 결과적으로 나에게 악영향을 주는 인간관계였다.

연구 결과에 따르면 이런 사람에게는 두 가지 심리가 작용한다.
첫째, 상대방을 자기 마음대로 조종하고자 하는 의도다.
둘째, 상대방이 떠날 것에 대한 두려움이 강하다.

두 번째 심리인 경우, 즉 상대방이 떠날 것에 대한 두려움이 강한 이유는 외로움이 많거나 정신적으로 힘든 상태일 수 있기에 어느 정도 이해가 가능하며, 막상 대화를 통해서 해결책을 찾을 수도 있다.

그러나 첫 번째 심리처럼 상대방을 종속시키려는 의도인 경우는 소시오패스(Sociopath)처럼 인격 이상으로 사회적으로 문제를 일으키는 등 반사회적 성향을 지닌 경우들이 많다. 이런 유형의 사람은 확실하게 피하는 게 좋다.

어떤 인간관계에서도 외부와 단절된 채 상대방에게만 몰입하는 건 건강한 관계가 아니다. 물론 깊은 친밀감을 느낄 수는 있겠지만, 그만큼 관계가 틀어졌을 때 큰 상처를 받는다. 마치 나의 전 자산을 여유자금 없이 모두 하나의 주식에 투자하는 것 같달까? 이 주식이 떨어지면 간단한 의식주를 해결할 생활비조차 없는 상황이 되는 것과 같다.

이처럼 상대방에게 몰입하다 보면 그 관계는 왜곡될 가능성이 크다. 왜냐면 주변 사람들의 이야기를 들을 기회가 차단되기에 서로의 관계를 점검하고 건강한 방향을 재정립할 기회가 사라지기 때문이다. 결론적으로 '우물 안의 개구리'가 되는데 많은 사람을 동시다발적으로 상대해야 하는 세일즈맨에게는 최악의 인간관계가 되는 것이다.

고객은 나에게 무조건 좋은 영향만 줄 순 없다. 하지만 자신의 관계에 상대방을 가두려는 사람과는 거리를 두는 것이 당장 지금 눈앞에 있는 작은 이득보다 당신이 앞으로 만날 대단하고 좋은 사람들을 못 만나는 것을 예방하는 가장 좋은 방법이다.

2) '나는 맞고, 너는 틀리다' 의 태도를 지닌 사람

세일즈맨의 삶을 살다 보면 별별 사람들을 다 만나는데, 판매자의 입장에서 고객은 당연하게도 갑이 된다. 문제는 고객과 판매자라는 관계를 이용해 고객의 탈을 쓴 '가해자'가 판매자를 자기 마음대로 휘두르는 경우가 있다.

"왜 일 처리를 이런 식으로 해? 다른 사람은 안 그러는데?"
"난 잘해주려고 하는데, 넌 왜 그런 식으로 받아들이지?"

'내로남불'이라는 말을 알 것이다. '내가 하면 로맨스, 남이 하면 불륜'이라는 뜻으로, 남이 할 때는 비난하던 행동을 자신이 똑같이 할 때는 합리화하는 태도를 비꼬는 말인데, 바로 이런 유형의 사람들의 특성이다.

이들은 자신에게는 관대하고 남에게는 엄격한 이중잣대를 들이대는데, 내 생각을 말하면 무조건 '그 생각은 틀렸어' 면전에서 비난하고, 자신의 의견에 반기를 들면, '너가 뭘 알아? 해봤어?'라는 식으로 말하며 내 선택과 결정에 의구심을 품게 만들어버린다.

심리학에 가스라이팅(Gaslighting)이란 말이 있다. 상대방에게 자기 자신에 대한 의심을 불러일으키게 하여 현실감각과 판단력을 흐리게 하고, 결국 그 상대방에게 지배권을 행사하는 것을 의미하는 용어다. 바로 이런 유형의 사람들을 '가스라이팅 가해자'로 볼 수 있다.

혹시 내가 가스라이팅을 당하고 있는 건 아닌지 확인해 볼 필요가 있다. 아래의 3가지를 확인해보자.

첫째, 상대방의 요청을 거절하지 못한다.

둘째, 자기 자신에 대한 확신이 부족하다.

셋째, 상대방에게 의지하려는 심리가 크다.

만약 3가지 사항에 모두 해당한다면 '가스라이팅 피해자'일 확률이 높다. 가스라이팅은 정서적 학대로 피해자는 자신도 모르게 가해지는 폭력에 끔찍한 결과를 맞이하게 된다. 사실 가스라이팅은 우리 주변에서 흔하게 발생하는데 주로 직장, 연인, 가족 등 친밀한 관계에서 많이 발생한다.

가스라이팅 초기에는 나에게 호감을 사기 위해 온갖 배려와 친절을 다하지만, 점점 '나는 맞고 너는 틀리다'처럼 관계의 불균형이 발생하고 가해자의 판단에 공감하게 되어 악순환을 일으키게 된다. 최악의 경우, 피해자는 불안과 자신감 상실로 우울감을 느끼며 자존감도 낮아진다.

만약 당신이 가스라이팅을 당하고 있다는 생각이 들면 상대방과의 관계를 끊는 것이 가장 좋은 대처다.

▶ **가스 라이팅을 대처하기 위해 가장 중요한 것은 자신을 믿고 스스로 보호하는 것이다.**

물론 상대방의 적당한 비판과 긍정적인 조언은, 내 능력을 향상시키고 발전시키는 데 도움이 된다. 하지만 터무니없는 이유와 논리로 비난하고 지적한다면 정상적인 관계를 유지할 수 없다. 만약 이런 유형의 사람들을 만났다면 더도 말고 딱 비즈니스적인 관계로만 유지하는 게 좋고, 더 친해질 생각 없이 적당한 거리감을 두는 게 당신의 정신 건강에 이롭다. 근거 없는 비난과 조언 사이에서 나에게 도움이 되는 진짜 조언을 구분하는 일, 함부로 가스라이팅을 당하지 않고 자기 자신을 믿으며 상황을 객관적으로 판단하는 일이 필요하다.

3) 자기 잘못을 인정하지 않는 사람

개인이든 조직이든 당연히 잘못을 저지르기 마련이다. 중요한 것은 이 잘못을 어떻게 헤쳐 나가느냐에 따라 그 이후의 상황이 결정된다. 누구나 잘못을 저지를 수 있지만 중요한 건 그다음에 보여주는 태도다. 진정성 있게 사과하고 달라지려는 모습을 충분히 보여준다면 한 번 더 믿어보고 기회를 줄 수 있다.

그런데 어떤 사람들은 자기 잘못을 인정하지 않는다. 물론 표면적으로 잘못한 대상에게 사과하지만 자기 잘못이 무엇인지 제대로 알려고 하지도 않으며, 잘못을 저지른 후에도 아무런 변화가 없다. 오히려 더 당당한 모습을 보이는 사람들도 있다.

자주 약속을 지키지 않거나 큰 잘못을 하고도 '어쩌라고' 식의 모습을 보이는 경우가 있는데 이런 사람은 설령 상대방이 떠나가도 '상관없다'라는 속내를 지니고 있다. 자신이 이렇게 막 나가도 떠나지 못한다는 판단에서다.

명심하자. 이런 유형의 사람들을 꼭 멀리해야 한다. 특히 이런 고객들은 상품을 구매하더라도 문제가 발생할 확률이 높다. 컴플레인과 클레임을 자주 걸거나 무리한 교환이나 환불을 요구하기도 한다. 보험 상품이라면 보험료를 납부하지 않는 일도 있다. 만약 상대를 좋아하는 마음에 계속해서 잘못을 용서하고 매번 기회를 준다해도 이들에게 그 진심이 전해지는 경우는 극히 드물다.

▶ 잘못을 인정하면 한 발 나아가고, 잘못을 고치면 두 발 나아간다. 그러나 잘못을 인정하지 않으면 퇴보한다.

▶ 상대방을 좋아하는 마음에 잘못을 자꾸 용서하면 진심이 전해지는 경우는 드물다.

이런 유형의 사람들을 대할 때는 단호한 마음과 행동이 중요하다. 차라리 마음속에 '용서 횟수'를 정해두고 상대방이 횟수를 넘긴다면 단호하게 관계를 끊어내기를 권한다. 불편한 고객을 알아보는 것도, 관계를 끊어내는 것도 결국 판매자의 실력이다.

불편한 관계,
어떻게 벗어날 수 있을까?

앞서 말한 3가지 인간 유형처럼 자신에게 해가 되는 불편한 관계임에도 끊지 못하는 사람들은 대개 유하고 선한 성격이다. 그래서 설령 자신이 상처받아도 참고 감당하려는 부분이 있다. 하지만 왜곡된 관계를 과감하게 끊어내는 게 꼭 필요하다.

물론 한 명의 고객이 절실한 세일즈맨 입장에서 사람을 골라야 할까 싶겠지만, 이런 관계가 지속 되면 본인의 삶 전체가 파멸될 수도 있다.

> ▶ **당신은 당신의 생각하는 것 이상으로 강한 존재이다.**
>
> **그만큼 성공할 가능성도 크다.**

사람과 상황에 빠지지 말고 자기 자신을 믿어보자. 자기 주변에 좋은 사람을 두는 것도 나쁜 영향을 줄 사람을 끊어내는 것도 필요하다.

고객이라고 해서 그 사람의 모든 잘못을 감당해야 하는 건 아니다. 관계 맺기로 당신의 에너지를 소모하기보다 차라리 그 노력을 오롯이 당신 자신 또는 다른 고객에게 사용하는 것이 효율적이다.

5초 안에 고객의 마음을
사로잡아라

앞장에서 설명한 것처럼 디지털화한 세상에서 현대인의 집중력은 8초 이하다. 많은 상품 중 필요한 것을 선택하는 고객의 집중력은 5~7초 정도이며, 판매자에게 주어진 시간은 5초에 불과하다. 이 짧은 5초를 잡지 못하면, 고객은 판매자의 이야기를 들어주지 않을 확률이 90% 이상이다.

이 확률은 오프라인에서도 그대로 적용된다. '초기 5초를 어떻게 사로잡느냐'에 따라 판매자를 도움 주는 사람으로 보기도 하고, 시간을 뺏는 사람으로 인식할 수도 있다. 물론 판매자의 관점에서는 5초를 제대로 활용하지 못한다면 고객을 만나기까지 노력한 모든 수고가 허사로 돌아간다는 것을 명심해야 한다.

5초 안에 고객을
사로잡는 2가지 방법

그렇다면 판매자에게 주어진 5초의 골든 타임을 어떻게 해야 당신의 시간으로 만들 수 있을까? 5초 안에 고객을 사로잡을 수 있는 2가지 방법을 소개한다.

1) 5초 안에 준비한 모든 것을 다 말한다.

유튜브로 동영상을 보는 사람들이 급증하고 있다. 긴 영상을 보기 위해선 중간 중간 광고를 봐야 하는데, 유튜브 광고는 대부분 5초다. 이 5초 동안 본영상을 보기 위해 광고를 스킵하기도 하고, 광고가 흥미롭다면 계속해서 끝까지 볼 수도 있다. 이렇게 훈련(?)된 고객은 온라인이든, 오프라인이든, 홈쇼핑이든 모든 상황에서 자신도 모르게 상대방에게 5초라는 시간을 주게 된다.

짧은 5초지만, 이 시간을 활용해 전달하고자 하는 메시지를 다 말해야 한다. 이를테면 상품의 특징이나 고객을 혹하게 할 수 있는 내용, 호감을 얻을 수 있는 개그도 좋다. 중요한 것은 주어진 5초를 최대한 효과적으로 활용해야 한다. 전달한 메시지를 글로 쓰면서 줄일 내용과 더할 내용을 정리해야 한다. 그다음 정리된 메시지를 입으로 소리 내어 말하는 것도 연습해야 한다.

당연히 어렵고 생각보다 쉽게 되지 않는다. 그러나 많이 연습하면 나중엔 습관처럼 무의식적으로도 나오게 된다. 연습은 반드시 좋은 결과를 가져다준다. 하지만 무작정 하는 연습보다는 먼저 '무엇'을 연습해야 하는지 알아내는 게 중요하다.

▶ **그냥 하는 연습이 아닌 '무엇'을 연습해야 할지 알아내야 한다.**

간혹 연차가 높은 세일즈맨 중에서 스스로 베테랑이라 여기며 준비와 연습을 안 하는 사람을 보게 된다. 하지만 아무리 경력이 많고 전문성이 높아도 준비와 연습은 기본 중 기본이다. 충분한 준비와 연습은 내가 목표한 기대치보다 더 좋은 성과를 가져다준다.

2) 5초 안에 나를 각인시킨다.

전 세계 어디를 가도 우리는 케이팝(K-pop)을 들을 수 있다. 영어가 아닌 한국어로 부른 노래가 전 세계의 음악과 댄스 문화에 많은 영향을 끼칠 줄 누가 알았을까? 조금 다른 얘기지만, 몇 몇 케이팝 노래 중 도입 부분에 나오는 시그니처 사운드(Signature Sound)를 들어본 적이 있을 것이다.

시그니처 사운드는 작곡가가 자기 노래에 새기는 일종의 표식으로, 자신만의 특별한 소리를 노래에 삽입한다. 가장 유명한 시그니처 사운드로 박진영의 '제이와이피(JYP)'가 있다. 박진영은 팬들이 들어준다는 걸 알고 시그니처 사운드를 브랜드처럼 사용했는데, 설령 노래는 기억하지 못해도 '제이와이피~'는 기억에 남을 만큼 그 효과는 대단했다.

예전 TV 시청자 중요하던 시절에는 '개연성'이 중요했다. 개연성을 띤 서사가 있어야 고객이 납득한다고 생각해서 무조건 개연성이 있어야 했다. 스마트폰처럼 스킵 기능도 없었기에 당시 고객은 기승전결의 형식에 훈련되어 있었다.

하지만 유튜브 시대가 도래하면서 고객은 관심이 없으면 스킵하고, 길게 보고 듣지 않는다. 심지어 쇼츠나 틱톡처럼 영상 길이 60초 이내의 콘텐츠가 인기를 얻고 있다.

▶ **판매할 상품과의 개연성이 크게 필요 없어도 된다.**

이제 고객은 기승전결을 원하기보다는 개연성이 없어도 듣고 싶은 이야기만 듣고, 보고 싶은 것들만 본다. 따라서 개연성을 크게 신경 쓰지 말고, 내가 알리고 싶은 메시지와 전달하고 싶은 내용만 초반에 말해버리는 게 오히려 효과적이다.

심리학에 '초두효과(Primacy Effect)'란 용어가 있다. 처음 접한 정보가 나중에 알게 된 정보보다 기억에 더 남는다는 말이다.

이는 사람의 집중력과 인지능력의 한계를 인정하는 지극히 현실적인 관점이다.

이 점을 생각해서 당신 자신, 또는 당신이 판매하는 상품을 5초 안에 고객의 이목을 끌도록 만들어 보자. 더불어 당신을 도움 주는 사람, 고객의 귀중한 시간을 뺏지 않는 사람으로 각인되도록 하는 게 필요하다.

3) 5초 안에 더 보고 싶게 만든다.

한 조사업체의 조사에 따르면 유튜브 광고가 나오면 바로 스킵한다는 답변이 98%였다. 고객 입장에서 불쑥 나오는 광고는 재미있는 영상을 방해하는 광고라는 인식이 있다. 그렇다면 광고를 5초 이상, 스킵 없이 끝까지 보게 만드는 법은 무엇일까? 바로 고객의 궁금증(호기심)을 자극하는 것이다.

대개의 고객이 광고를 스킵하는 이유는 단순하다. 내가 필요한 상품도 아니고 살 것도 아니기에 아무 관심도 없다. 오히려 광고에 반감을 살 수도 있다. 이때 중요한 포인트는 고객이 궁금증을 유발하는 광고를 선별해서 올리는 것이다.

예로 애견 유튜버라면 강아지 사료나 애견 동반 카페 등 애견 용품들을 광고한다면 고객들이 스킵 없이 끝까지 볼 것이다.

고객에게 진정한 가치를 제공하는 것을 광고해야 한다.

항상 3가지를 생각해보자.

첫째, 어떤 고객에게 도달하게 만들고 싶은가?

둘째, 그 고객이 가치 있게 생각하는 것은 무엇인가?

셋째, 그 가치를 어떻게 고객에게 전달할 수 있는가?

이 질문에 답할 수 있다면 고객은 어떤 광고도 스킵없이 시청할 것이다.

5

고객의 4가지
구매 심리를 파악하라

사실 이 세상에 모든 조건을 갖추고, 모든 것이 완벽한 상품은 없다. 나는 상품을 팔 때 상품의 상태만 보지 않고 '고객과 상품의 상황'을 함께 본다. 각 회사의 상품마다 특징 및 장단점이 있는데 이런 요소들이 고객에게 맞는 상황이면 구매가 이루어진다. (물론 상황이 안 맞으면 구매는 이뤄지지 않는다.) 결론부터 말하자면, 판매자는 자신이 파는 상품을 바꾸기보다, '고객과의 상황'을 바꿔야만 매출을 올릴 수 있다.

이 세상에 상품을 팔기 싫어하는 판매자가 있을까? 당연히 판매자는 상품을 잘 팔려고 한다. 그럼 판매자는 잘 팔려고 노력하는데, 고객은 왜 구매하지 않을까? 조금만 생각해보면 답이 나온다. 당신도 상품 판매를 하는 판매자임과 동시에 누군가의 상품을 구매하는 고객이다.

내가 늘 강조하는 건 '고객의 관점에서 생각하라'이다. 만약 당신이 배부른 상태라면 음식 광고가 눈에 들어올까? 몸이 아픈 상황인데 야구나 골프 등 레저활동에 관심이 갈까? 모든 사람은 심리적으로 직전 상태와 상황이 뭔가를 결정하는 데 엄청난 영향을 끼친다.

즉 고객의 심리와 상태를 잘 파악한 후 그에 적절하게 대처할 수 있으면 판매를 잘 할 수 있다.

고객이 지갑을 여는
4가지 이유

고객은 상품을 구매할 분명한 이유가 있어야 지갑을 연다. 그렇다면 고객은 상품을 구매할 때 어떤 심리가 작용할까?

지갑을 여는 고객의 4가지 심리를 소개한다.

▶ 첫째, 이익이 되어야 산다.

가격 대비 성능이 좋든지, 이 매장에서 사는 것이 저 매장에서 사는 것보다 이익이 되든지, 오늘 사는 것이 내일 사는 것보다 이익이 되든지 등 어떤 형태로든 구매하는 것이 이익이 된다는 판단이 서야만 고객은 본인의 귀한 돈을 지갑에서 꺼낸다.

좋은 예로 고객이 가장 많이 하는 말이 '비싸요'다. 많은 판매 사원이 이 단계에서 포기한다. 또 차츰 영업이 익숙해질 때부터 '저 사람, 딱 보면 알아. 안 살 것 같아'라며 고객을 판단하기 시작한다. 그러나 고객을 본인 경험으로 '살 사람', '안 살 사람'으로 구분 지어 판단하고 평가하는 건 판매자로서 매우 위험한 일이다.

사실 '비싸다'라는 고개의 말속에는 '사고 싶은데 비싸다', 즉 '사고 싶다'라는 상각이 내포되어 있다. 이점을 파악해 고객에게 어떻게든 이익을 줘라. 꼭 가격에 한정되는 게 아니어도 된다. 예로 구매 상품을 빨리 받을 수 있게 하거나, 매장에서만 구매할 수 있거나, 또는 고객의 기분을 좋게 만드는 따뜻한 미소도 그들에게는 큰 가치임을 잊지 말자.

▶ 둘째, 손해가 되면 산다.

손해는 이익의 반대개념이지만 판매에 더 강력한 효과가 있다. 즉 '지금 안 사면 손해'라는 판단이 서면 고객은 당장 지갑을 열게 된다.

보험 상품 설명을 하는 A와 B 중 누구의 말에 더 관심이 갈까?

A 지금 사시면, 매월 보험료 6천 원을 절약할 수 있습니다.

B 지금 안 사시면(다음 달에 가입하시면), 30년 동안 매월 6천 원을 더 내
   셔야 합니다.

고객의 '손실 관점'에서 상품설명을 하면 판매에 더 효과적이다. 이를 '손실 회피(loss aversion)' 심리라고 한다. 대개의 인간은 손실 회피 심리가 있다. 즉 이익을 얻을 수 있는 불확실한 상황보다 손해를 확실하게 입는 상황을 더 싫어한다.

쉽게 말하여 동전을 던져 앞면이 나오면 100만 원을 벌고, 뒷면이 나오면 50만 원을 잃는 게임이 있다. 대부분은 이 게임에 참여하지 않는다. 100만 원의 이익보다 50만 원의 손해를 더 크게 느껴서이다.

또 한 가지, 상품 준비 물량을 한정하는 것이다. 홈쇼핑에서 상품을 팔 때 '한정 판매(물량 한정, 기간 한정)'를 강조하는 것도 같은 맥락이다. 한국 식품업계 역사에 한 획을 그은 '허니버터칩 열풍'도 좋은 예이다. 허니버터칩 품귀 현상으로 당시 중고장터에 소분하거나 조각내 파는 일도 벌어졌는데 다른 과자에 끼워 팔기를 해도 고객들의 구매는 끊이지 않았다.

이처럼 고객은 새로운 것을 얻는 기쁨보다 자신의 것을 잃는,

또는 돈이 있어도 구할 수 없다는 두려움에 상품을 산다.

▶ 셋째, 사람을 보고 산다.

때로 고객은 상품보다 오히려 '사람을 사는' 경향이 있다. 특히 한국 사람들은 혈연, 지연, 학연 등 인간관계가 구매 결정에 큰 영향을 끼친다. 아무리 고객이어도 판매자와 친밀한 관계라면, 다소 손해 보더라도 구매하는 심리가 여기에 해당한다.

고객은 판매자까지 상품으로 본다. 고객에게는 상대하기 편한 판매자, 믿을 수 있는 판매자, 그러면서 전문가답고 매력 있는 판매자를 선택한다. 가령 중고차 구매를 할 때 같은 값이나 조금 비싸도 본인이 유튜브에서 보던 '중고차파괴자'나 '중카' 등 유명 유튜버를 통해 구매하고 싶을 것이다.

이런 심리는 유명인이라 신뢰하는 부분도 있지만, 조금 비싸도 그 사람과의 관계를 위한 수수료라 생각하고 구매한다. 판매자는 고객이 선택하는 또 하나의 상품이라는 점을 잘 활용해보자. 지금 당신이 유명하지 않아도 된다. 본인만의 닉네임, 또는 보이고 싶은 캐릭터 등 개인 브랜드를 만들어라.

유명 유튜버들도 구독자 1명으로 시작했음을 잊지 말자. 내가 나를 특별하게 생각하지 않으면, 그 아무도 나를 특별한 사람으로 봐주지 않는다.

▶ 넷째, 가치가 있으면 산다.

고객은 구매의 비합리성, 즉 이중성을 지니고 있다. 때로는 상품의 가격보다 가치를 더 중요하게 여긴다. '보장성 보험'은 가족 사랑의 가치를, '외제 차'는 성공한 이미지를, '화장품'은 피부 미인의 아름다움을 산다. 이 얼마나 비합리적인가? 더 쉽게 설명하겠다.

A와 B 두 개의 시계가 있다. A 시계는 최근 생산한 상품으로 기능성과 가격대 모두 합리적이다. 그런데 B 시계는 오래된 중고 시계로 누가 사용했는지 알 수 없는 상품이다. 심지어 전 주인이 고인일 확률도 있어서 사용하기 꺼림칙하다. 그런데도 고객은 B 시계에 높은 가치를 매기며 망설임 없이 구매한다. 그 이유가 무엇일까?

A 시계   모두에게 익숙한 대중 브랜드로 10만 원대 가격이다.

B 시계   2차 세계대전 때 독일군이 실제 사용한 시계로 1천만 원이다.

이 사례는 고객이 가격보다 '가치를 더 중요하게 여긴다'라는 증거이다.

잊지 말자. 고객은 4가지 구매 심리(이익, 손해, 사람, 가치) 작용으로 지갑을 연다. 특히 구매 직전의 심리상태에 따라 상품을 살지 말지 결정한다. 따라서 판매자의 역할이 중요하다. 고객은 어떤 판매자를 만나느냐에 따라 구매 심리가 달라진다.

유능한 판매자는 고객의 구매 심리를 정확히 파악하고, 지금 당장 사야 할 분명한 이유와 상황을 만들어 고객이 확신하게 만드는 사람이다. 당신이 준비한 상품설명을 주입식으로 말하지 말고, 고객의 심리상태에 따라 어떤 이야기를 해야 할지 판단하는 게 중요하다.

소유가 아닌
경험을 판매하라

계속되는 불경기에 지갑을 닫는 고객들을 유혹하려고 다양한 업계에서 원 플러스 원 마케팅(One Plus One)을 활용한다. 1개 상품 가격으로 2개 상품을 구매할 수 있는 원 플러스 원 마케팅은 고객들을 만족시킬 뿐만 아니라 판매자는 재고가 쌓이는 것을 처리하는 등 활용도가 크다.

그런데 원 플러스 원 마케팅이 상품만 가능한 건 아니다. (조금 다른 관점으로) 유능한 판매자는 원 플러스 원으로 상품을 판다. 즉 2개의 상품이 아닌 당신이 팔고 있는 상품에 '경험'이라는 또 하나의 상품을 끼워서 팔아야 한다. 과거에는 판매자가 구매 상담을 주도하는 시대였다. 고객은 상품 정보를 알 방법이 없으니 무조건 판매자의 말을 믿고 따라야 했다.

하지만 디지털시대인 지금은 소비자가 중심이다. 고객은 이미 당신이 판매하는 상품은 물론 경쟁사 상품의 특징과 장단점 등을 알고 있으며, 이를 비교 검토한 끝에 상품을 구매한다. 그러므로 판매자는 절대로 고객에게 상품 구매를 강요해서는 안 된다.

상품이 아닌
경험을 판매해야 한다

인류 역사상 물질적으로 가장 풍요롭고 선택할 수 있는 상품이 넘쳐나는 시대, 필요성에 의한 소비보다는 경험과 가치를 추구하는 소비가 점점 늘어나고 있다. 그만큼 소비 패턴도 '소비 그 자체를 즐기는' 것으로 바뀌는 추세다.

구글이 선정한 세계 최고의 미래학자 토머스 프레이(Thomas Frey)는 미래를 '경험이 움직이는 시대'라고 말했다. 이 말은 사회가 발전하고 물질이 풍부할수록 사람들은 물질 소유가 아닌 자기 삶의 질을 높여주는 경험을 원한다는 뜻이다.

예를 들어 애플(Apple)은 신제품이 출시될 때마다 큰 관심을 받는다. 전 세계 스마트폰 비율의 60%가 아이폰일 정도로 영향력을 끼치고 있는 애플은 '어차피 아이폰 사용자들은 산다'라는 법칙이 있을 만큼 탄탄한 마니아층을 보유하고 있다.

과연 무엇이 애플 마니아를 만들었을까? 애플 특유의 감성적 디자인이나 편리한 기능 때문일까? 또는 뛰어난 성능이 차별화되는 걸까? 디자인이나 기능처럼 상품 자체만 본다면 사실 아이폰이 압도적이라고 할 수만은 없다. 그럼 무엇이 이렇게 충성심 강한 팬덤을 만들었을까?

애플은 'Think Different(다르게 생각하라)' 슬로건처럼 처음부터 차별화를 추구했으며, 지금은 타계한 스티브 잡스(Steve Jobs) 시절부터 현재까지 혁신을 최고의 가치로 삼아왔다. 따라서 애플 제품을 쓰는 것은 혁신의 가치를 공유한다는 인식이 자리 잡혔다. 이처럼 상품 자체의 필요성만이 아닌 그 상품의 가치를 공유하고 경험한다는 것도 중요해진 것이다.

▶ **고객에게 어떤 상품을 팔 것인가보다는**
어떤 경험과 가치를 전달할 것인가를 고민해야 한다.

처음에는 아무리 마음에 들었던 상품도 구매 후 어느 정도 시간이 지나면 싫증을 느낄 수 있지만, 좋은 경험은 시간이 지나도 기억에 남는다. 이 점을 유념하여 판매자는 고객이 어떤 상품을 구매하는지만 보는 게 아닌 어떤 경험과 기억으로, 또 무슨 가치

로 남을 것인가를 함께 고민해봐야 한다.

디지털 시대, 경쟁력은
판매자 자신이다

지금은 디지털 시대다. 지금처럼 컴퓨터를 많이 활용하는 시대를 '디지털 시대'라고 부른다. 많은 사람은 디지털 사회가 되고 상품 거래도 인터넷으로 이루어지면서 대면 판매가 줄어들 것으로 예상했다. 이제는 매장에서 판매자가 고객에 직접 상품을 설명하며 판매할 필요가 없다고 생각했다.

게다가 코로나19 팬데믹으로 사회적 거리두기를 시행하고 오프라인보다는 온라인상에서의 소통방식이 선호되어 비대면 판매방식이 활기를 띠었기에 앞으로 대면 판매 비중은 줄어들 것이라고 여겼다. 그런데 코로나 시국이 어느 정도 마무리되고 위드(With) 코로나 시대에 들어간 현재, 비대면 매출은 급감하고 오히려 대면 매출이 상승하는 결과를 보여줬다.

도대체 왜 이런 반대의 결과가 나왔을까? 모든 기업과 판매자들이 매출의 상승을 위해 더욱 온라인 영역을 강화한 것이 아이러니하게도 고객의 반감을 사게 된 것이다. 인공지능(AI)이나 증강현실(AR), 가상현실(VR) 등의 첨단 기술이 주목받은 것은 사실이다. 그러나 고객들은 모두 '자기 상품이 최고'라고 말하는 온라인 정보의 홍수 속에서 혼란스러워졌다.

▶ **고객은 상품 정보를 얻는 것보다 자신에게 맞는 상품을 컨설팅해 주는 경험을 원한다.**

▶ **인공지능(AI)은 판매를 할 수 있지만, 영업은 하지 못한다.**

결국 고객들은 직접 만져보고 느낄 수 있는, 실제적인 자신의 경험을 믿으려는 성향이 더욱 커졌다. 또 오프라인에서 상품 구매를 할 때 느끼던 '새로운 경험'을 온라인 구매에서는 제대로 느낄 수 없다는 이유도 있었다. 고객은 정보의 홍수 속에서 누군가에게 정보를 얻는 게 아닌 그 수많은 정보 중에서 자신에게 맞는 상품을 권해주듯 컨설팅받기를 원하며 매번 색다른 경험을 하길 바란다.

디지털 시대, 경쟁력은
판매자 자신이다

앞서 말한 것처럼 유능한 판매자는 자신이 파는 상품에 경험이라는 또 하나의 상품을 끼워서 팔아야 한다. 판매자는 자신이 판매하는 상품 정보는 물론 관련 있는 모든 정보를 최대한 얻어서 자기 것으로 만들어야 한다. 그리고 자신의 정보를 각 고객의 상황에 맞게 컨설팅해줄 수 있어야 한다.

내가 판매하는 상품이 고객에게 어떤 경험을 줄 것인지 늘 구하고 해답을 찾아내 실천하는 판매자가 디지털 시대에 경쟁력 있는 판매자다. 고객은 똑같은 상품이어도 소유의 관점이냐, 경험의 관점이냐에 따라 만족감이 다르다.

상품을 소유했을 때와 경험의 관점으로 구매했을 때 고객의 심리는 얼마나 다를까?

▶ **첫째, 상품에 대한 소유는 필연적으로 남들과
비교를 불러일으키지만, 경험은 비교할 수 없다.**

상품은 물건이기 때문에 남들과 직접적으로 비교당한다. 내가 산 옷보다 더 좋은 명품 옷, 내가 구매한 차량보다 더 비싼 브랜드 차량처럼 고객들은 남들과의 비교에서 벗어나지 못한다. 그뿐인가? 상품을 구매한 후에도 자기보다 더 저렴하게 구매한 사람은 없는지, 혹시 더 저렴하게 살 수 있는 기회를 놓치지 않았는지 등 전방위적인 비교에서 벗어날 수 없다.

그러나 상품을 구매했을 때 얻어지는 경험은 실체가 없을 뿐 아니라 주관적이어서 비교 자체가 어렵다. 따라서 경험은 남들과의 비교로부터 자신을 자유롭게 한다. 판매자가 상품의 소유욕보다 경험의 가치를 팔아야 하는 가장 큰 이유는 고객에게 최대한의 만족도를 주기 위해서다.

▶ 둘째, 경험은 자신의 정체성을 구축하도록 한다.

어떤 상품을 구매하고 소유했느냐가 자신이 누구인지를 100% 알려주지는 않는다. 물론 자신의 성격이나 선호 경향, 취미 등을 알려주는 단서가 되기는 하지만, 자기 내면의 깊은 곳까지 알려주지는 못한다. 그러나 경험은 많은 이야깃거리를 제공하고 다양한 사람과 소통하면서 좋은 결과를 유발할 수 있다.

만약 소유가 대화의 주제가 된다면 그 대화는 불편해지는 게 사람의 심리다. 소유는 남들과의 비교를 유발하기 때문이다. 정말 행복한 사람은 돈으로 상품을 구매 소유하는 것보다 경험을 사서 자기 정체성을 구축하고 삶의 이야깃거리를 만들어내 남들과 공유한다.

이들은 소유보다는 경험이 삶을 더욱 행복하게 만든다는 점을 잘 알고 있다. 바로 이점을 판매자는 주목해야 하며, 고객이 상품 소유에 머무는 게 아닌 그 상품으로 새로운 경험을 할 수 있도록 유도해야 한다. 고객의 행복은 곧 판매자의 행복이기도 하다. 다시 한번 강조하지만, 유능한 판매자는 자신이 파는 상품에 경험이라는 또 하나의 상품을 끼워서 팔아야 한다.

상대가 관심 있을 때
숨기지 못하는 신호 5가지

　내가 어렸을 때 엄마는 갖고 싶은 장난감이 있으면 언제나 사주셨다. 그때마다 집에서 조금 멀지만, 버스를 타고 장난감 도매점으로 갔다. 도매점은, 소매점으로 납품하는 곳이었는데, 여러 가지 다양한 장난감들이 있었고 가격도 소매점보다 훨씬 저렴했다.

　당시엔 인터넷으로 장난감 가격이 공유되던 시절이 아니었기 때문에 장난감의 가격은 그날그날 흥정하기 나름이었다. 그런데 엄마는 장난감 가게에 들어가기 전에 항상 내게 신신당부했었다.

　"민성아, 마음에 드는 장난감이 있으면 엄마에게 살짝 말해, 주인아저씨 앞에서는 좋아하는 티 내지 말고."

엄마의 말처럼 나는 마음에 드는 장난감 앞에서도 별로 갖고 싶지 않은 척 연기했다. 그러다가 마지 못해 사는 것처럼 엄마에게 '저 장난감이 괜찮네' 정도로 말했다. 결과는 성공적이었다. 엄마는 별다른 가격 흥정 없이 소매상에 납품하는 저렴한 가격으로 장난감을 구매했다.

사실 주인아저씨도 어차피 '그 가격'에 팔리는 상품이기에 굳이 실랑이할 필요가 없었다. 일반 장난감 소매점에 납품하는 가격에 조금만 더 받으면 주인아저씨도 손해는 아니기 때문이다.

고객의 마음을
꿰뚫어 보는 방법

일반적으로 소매상이 대량으로 납품해가는 가격으로 개인이 상품을 사는 게 쉽지는 않다. 엄마는 내가 장난감이 너무 사고 싶다고 생떼를 부리며 '안 사면 안 될 것 같다'라는 감정을 보이면, 주인아저씨가 장난감 가격을 비싸게 받을 걸 알고 계셨던 거다.

엄마는 예전부터 이렇게 현명하셨다. 그리고 그때부터 나는 상품이 사고 팔리는 현장에서 고객은 자신의 감정을 쉽게 표현하지 않을 것이라는 생각을 하게 되었다.

▶ 고객은 본능적으로 판매자에게 자신의 감정을 숨기려고 한다.

고객은 자신이 원하는 상품이나 차별화된 서비스를 받지 못하면 냉정하게 떠난다. 판매가 영업사원의 이익이나 인센티브(incentive)로 이어지는 상품일수록 더욱 그렇다. 반대로 고객의 마음을 잘 파악하여 제대로 응대하면 고객은 감동하고 판매자를 신뢰하기 마련이다.

그런데 앞의 체크 포인트를 뒤집어 생각하면 또 다른 핵심 포인트가 있다.

▶ 판매자가 고객의 마음을 꿰뚫어 볼 수 있으면
　 높은 판매력을 올릴 수 있다.

대개 사람은 눈으로 보지만, 제대로 보지 못한다. 즉 관찰하지 않고 그냥 보기만 할 뿐이며 상대방의 마음(진심)을 파악하지 못한다. 판매자는 고객을 상대할 때 관찰을 습관화해야 한다. 그러면 고객의 마음이나 상태를 잘 간파할 수 있으며 이는 곧 상품 판매와 직결되기 때문이다.

제아무리 노련한 고객이라도 상품에 관심이 있을 때 숨기지 못하는 신호는 다음과 같다.

1) 동공을 바라보라

'눈은 마음의 창'이라는 속담처럼 실제로 우리 눈에는 마음이 투영된다. 누군가와 대화할 때 무의식적으로 상대방의 눈을 바라는 것도 눈을 통해 마음이 전달되기 때문이다. 대화에서 아이 콘택트(Eye Contact)가 없으면 제대로 소통하기가 어렵고, 좋은 관계 형성을 기대하기도 어렵다.

고객에게 상품을 소개하거나 프로모션 안내를 할 때 상대방의 눈을 바라보며 대화를 시작하라. 그러면서 눈 동공의 크기를 주의 깊게 살펴봐라. 만약 눈의 동공이 확장되었으면 고객은 당신의 설명을 긍정적으로 생각하는 것이다. 사람은 무엇에 끌리는 초기 단계 때 뇌가 동공 확장을 유발하는 도파민과 옥시토신을 내보내는데 동공이 확장된다. 반대로 부정적으로 생각할 때는 동공이 원래 크기로 되돌아간다.

2) 다리의 방향을 관찰해라

고객 상담을 할 때 고객의 '다리 방향'을 보자. 얼굴은 감정(마음)을 숨길 수 있지만, 다리 방향은 그렇지 않다. 만약 고객의 다리가 나를 향해 있으면 나에 대한 호감도가 높아 집중하는 상태다. 바로 상품설명과 클로징(closing)을 하면 고객의 OK를 받아낼 수 있다.

반면 고객의 다리(발 · 몸 방향)가 문이나 다른 쪽을 향해 있으면 나에게 전혀 집중 못 하는 상황이다. 이때는 전문적인 지식은 커녕 제아무리 달콤한 얘기를 해도 고객은 내 말에 집중하지 못한다. 차라리 맛있는 간식을 시킨 후 고객의 취미를 묻는 등 스몰 토크(Small Talk)를 하며 관계를 개선하자.

3) 안절부절 어쩔 줄 모르는 행동

고객의 행동을 유심히 관찰하다 보면 표정이나 말은 침착한데 이와 반대로 행동은 어쩔 줄 몰라 할 때가 있다. 상품을 설명하는 판매자에게 "오늘은 구경만 왔지 살 마음이 없어요", "살지 말지 아직 생각 중이에요"라고 말은 하지만, 눈 깜빡임이 빨라졌거나 옷을 매만지고, 머리카락을 넘기거나 꼬는 등 이러지도 저러지도 못하고 안절부절못하는 고객들이 있다. 이런 고객의 모습은 상품에 관심 있을 때 무의식적으로 나오는 행동들이다. 살면서 누군가를 좋아한 경험이 다들 있을 것이다. 마음에 드는 이성과의 첫 데이트에서 안절부절못하는 것은 정상적인 반응이다. 사람들은 뭔가에 관심 있는 초기 단계에 나타나는 특정 신호가 있는데, 마치 긴장하고 불안해하는 모습과 비슷해 보인다. 이 점을 유념하여 고객에게 편안하고 친근한 정서로 다가가는 게 좋다.

4) 가벼운 스킨십을 한다면?

고객에게 상품을 설명하며 대화할 때 좋은 분위기에서 가벼운 스킨십이 일어나기도 한다. 고객이 판매자의 팔을 가볍게 접촉하거나 손을 뻗어 잡기도 하는데, 이것은 판매자나 판매자의 설명에 호감을 느끼거나 만족해한다는 표현이다.

사람은 좋아하는 것을 향해 몸과 어깨를 기울이며 만족감을 표현한다. 또 자기도 모르게 친밀함을 느끼거나 상대방에게 관심이 있을 때 신체적인 접촉을 하곤 한다. 만약 고객이 무의식적으로, 또는 자연스러운 상황에서 가벼운 스킨십이 일어났다면 이를 활용해 좀 더 적극적으로 상품 홍보를 해보자.

5) 얼굴색이 발개진다면?

판매자는 고객과 대화할 때 당연히 얼굴을 보고 말한다. 얼굴은 사람의 감정을 일차적으로 알아볼 수 있는 수단으로, 표정이나 인상, 찡그림 등으로 자기감정을 드러낸다. 하지만 훈련을 통해서 표정을 감추기도 한다. 그런데 얼굴색을 숨기기는 쉽지 않다. 부끄러우면 붉어지고, 두려우면 창백해지며, 화가 폭발하면 순식간에 푸르러진다.

만약 고객의 얼굴색이 발개진다면 설레는 감정을 느끼는 것이다. 사람은 뭔가를 보고 만족감에 설렘을 느낄 때 안면 모세혈관을 열리게 하는 아드레날린이 분출되고, 교감 신경계가 얼굴의 작은 혈관을 확장하여 얼굴이 발갛게 달아오른다. 얼굴색은 숨기기도 훈련하기도 어렵다.

*

성공에 운은 없다.

성공자들이 말하는 '운이 좋았다'는

그들이 그만큼 노력한 결과이다.

절대로 운에 의존해 성공을 바라지 마라.

성공은 오직 노력과 행동으로 만들어진 결과일 뿐이다.

상대방의 감정과
무의식을 활용하라

많은 사람이 소비는 이성적인 생각과 합리적인 판단 아래 이루어진다고 생각한다. 이 말은 반은 맞고, 반은 틀리다. 상품 구매전 필요한 상품을 꼼꼼하게 따져서 사는 고객이 있는 반면에 이걸 사는 건 낭비라는 걸 인식하면서도 마음이 혹해 상품 구매를 하는 고객들도 많다.

앞장에서 고객은 이중성을 지니고 있다고 말한 것처럼 대부분의 소비는 감정적이자 혹은 무의식에서 나온다. 무의식이 구매로이어진 경우, 의식으로 합리화를 시작하는데 이미 결정한 것에 대해서 손해라고 생각하기보다는 자기 결정을 지지하는 쪽으로 생각하는 경향이 있어서다.

이성보다는 감성에 호소하는 상품들이 잘 팔리고, 명품은 가격이 비쌀수록 잘 팔린다. 20대 여성이라면 명품 하나쯤은 기본적으로 가지고 있다. 소비뿐 아니라 사람의 행동 중 많은 부분이 무의식에 결정되는데, 이를 잘 활용하면 상품 구매로 이어지게 할 수 있다.

소비를 주도하는 건
무의식이다

2002년 노벨 경제학상 수상자인 프린스턴 대니얼 카너먼 교수는 "인간의 생각과 행동은 그리 합리적이지 않으며 다분히 편의적이고, 즉흥적이며, 충동적"이라고 말했다. 또 아무리 인간이 합리적이라고 해도 불확실한 미래를 예측하는 데에는 한계가 있다. 이런 경우에는 합리적 사고가 아니라 주관적으로 편향된 사고로 생각하고 판단한다고 주장했다.

카너먼 교수의 주장처럼 상품을 팔고 살 때 합리성과 논리만으로는 설명할 수 없는 부분도 있으며, 많은 경우 고객은 비합리적인 행동을 한다.

한가지 예를 들어보겠다.

귀금속을 판매하는 두 가게가 있다. A 가게는 '저렴한 보석상' 콘셉트로 광고했고, B 가게는 '고가 명품 보석상' 콘셉트에 보석가격도 2배로 올렸다. 두 가게의 매출은 어떠했을까? 놀랍게도 B 가게 매출이 훨씬 높았고 찾는 고객들도 많았다. 그런데 더 놀라운 것은 사실 A와 B 둘 다 같은 보석을 판매하는 가게라는 점이다.

값비싼 보석이나 명품은 오히려 가격을 올리면 매출이 상승하는 경우가 많다. 이것은 같은 보석을 더 높은 가격에 사는 비합리적인 사례로 고객들은 비싼 보석이니 가치가 높을 것이라는 생각과 구매 후 주변에 '이거 얼마에 샀는지 알아?' 말하며 허세 부리고 싶은 부분이 작용한 것이다.

이것을 심리학에서는 프레이밍 효과(Framing Effect)라고 부르는데, 같은 상황이나 문제를 상대방에게 어떤 방식으로 제시하느냐에 따라서 상대방의 판단과 선택이 달라지는 현상을 말한다. 고객은 절대로 무조건 저렴하다고 구매하지 않는다. 만약 그 상품이 일상에 필요한 생필품이라면 싼 가격에 구매하겠지만, 명품처럼 고가 상품이라면 저렴하다는 게 거부감을 줄 수 있다.

▶ **고객은 생각보다 이성적이지 않으며 비합리적인 경우가 많다.**

고객은 수많은 외부영향을 받는 존재다. 판매자는 이 점을 명심해서 상품 판매를 할 때 고객은 생각보다 이성적이지 않다는

사실을 유념하여 고객에게 접근할 수 있는 다양한 방법을 알아야한다. 그렇지 않고 상품의 속성만 열심히 설명할 경우, 자칫 판매기회를 놓칠 수 있다.

고객이 원하는 건
반전이다

행동경제학 관점에 따르면 사람은 마음을 기준으로 다양한 생각과 결정을 하는데, 상황에 따라 그 마음이 바뀌고 의사결정에도 영향을 끼치기도 한다. 갈증이 심한데 마실 물이 없으면 마트에 가서 대용량 생수를 구매하기도 하고, 평소 술을 마시지 않음에도 일 스트레스 때문에 '술이나 한잔해야지' 생각하는 것처럼 말이다.

사람은 인공지능처럼 프로그램화된 존재가 아니기에 때로는 비합리적인 선택과 행동을 하기도 한다. 다시 말해 소비는 이성이나 효율성만으로 움직이지 않으며, 이미 비이성적인 결정을 내렸어도 스스로 이성적인 선택을 했다고 믿고 싶어한다.

한 동네에 A와 B 두 가게가 있다. A 가게는 '전 품목 10% 할인'이라 써 붙여 판매하고, B 가게는 '무료 배송, 무료 반품'이라 써 붙여 판매한다. 두 가게를 본 고객들의 반응은 엇갈렸는데 A 가게는 "뭐야, 겨우 10% 할인이야?" 지나갔고, B 가게는 "무료 반품? 부담 없으니 하나 사봐야지"라고 평가했다.

왜 이렇게 상반된 평가가 나왔을까? 실제로는 두 가게의 할인율이 같을 수 있고, 상품에 따라서 A 가게가 더 저렴할 수 있는데도 말이다. '10% 할인'은 평소에도 익숙하지만, '무료 배송'은 마치 특별 할인 같은 느낌을 받음과 동시에 "얼마나 상품에 자신 있으면 무료 반품까지 할까?" 라는 자극을 주었기 때문이다.

> ▶ 고객은 무의식적으로 '특별함'과 '자극'을 원한다.

> ▶ 익숙한 것에는 편안함을 느끼지만,
> 익숙하지 않은 것에는 자극을 느낀다.

당신이 판매하는 상품은 무엇인가? 혹시 비슷비슷한 프로모션(Promotion)을 하거나 너무 흔한 문구는 아닌가? 지금 당신의 상품설명이나 고객 응대에 고객이 익숙함을 느끼지는 않을까? 판매자는 항상 고객의 감성과 무의식을 자극하는 프로모션과 문구를 연구해야 한다.

고객에게 특별함과 자극을 줄 수 있는 아이디어는 멀리서 찾지 않아도 된다. 나는 시간이 있을 때마다 드러그스토어(의약품, 화장품, 건강보조식품, 생활용품, 미용 제품 등 다양한 품목을 한 곳에서 판매하는 소매점))에 간다. 특히 드러그스토어는 여러 브랜드가 한

곳에 모여있어서 상품들을 비교해볼 수 있다는 점과 다양한 이벤트로 고객을 사로잡는 마케팅을 한눈에 볼수 있다는 장점이 있다.

올리브영이나 랄라블라, 롭스 등에 가보면 각 브랜드가 경쟁하는데, 각 브랜드의 자리는 한정되어 있어서 짧은 문구의 홍보만 가능하다. 이곳에서 잘 팔리는 상품은 어떻게 마케팅하는지, 완성도 높은 문구는 어떻게 활용하는지 등을 본다면 큰 도움이 될 것이다.

'해볼까'를 '해보자'로 바꾸면 마법이 일어난다

2013년 10월 보험영업을 시작했을 때부터 현재까지 내 카카오톡 프로필 상태 메시지다.

'했다고 말하고 믿는 순간, 기적은 시작되는 거야.'

지금까지 한 번도 바꾼 적 없을 만큼 내가 가장 좋아하는 메시지다. 하루하루 살아가며 생각이 복잡하거나 마음이 흔들릴 때, 또 한창 일하다가 불쑥 의욕이 사라질 때마다 습관적으로 메시지를 보며 내 다짐을 되새긴다. 20대 초반, 내 메시지를 본 친구들은 하나같이 '오글거리게 그게 뭐야' 식으로 놀려댔다. 비아냥거림도 들었으나 나는 아랑곳하지 않았다. 나는 메시지의 힘을 믿었다. 아니, 사실 믿고 싶었다. 돈 없는 가난한 학생이 성공할 가능성은 희박했으니까. 장래가 촉망되는 명문대학교를 다니는 것도, 졸업 후 취업이 보장된 학과를 다니는 것도 아니었을뿐더러 더욱이 집안 형편이 넉넉하지도 않았기 때문이다.

현대 자본주의 사회에서 돈은 많으면 많을수록 좋다. 성공의 가장 빠른 지름길도 돈을 많이 버는 것이다. 하지만 그때의 나는 돈이 없었기에, 돈이 들지 않고 성공할 수 있는 모든 가능성을 열고자 노력해야만 했다. 모든 졸업생과 취준생들이 겪는 것처럼 나도 암담했다. 어떻게 무용과 학생이 취업을 해야 할지, 돈을 벌어야 할지도 막막했다.

그때 내게 '할 수 있다. 해보자. 지금 당장 시작하자' 말하며 희망을 준 건 책이었다. 가장 적은 비용을 들여 가장 많은 시간을 보낼 수 있었고, 학교 도서관에 가면 온갖 책을 다 읽을 수 있었다. 특히 내가 가장 많이 읽은 책은 자기계발서였다.

나는 그때 수많은 자기계발서를 읽으며 성공한 사람들의 공통점을 찾아냈다.

'해볼까'가 아닌 '해보자'라고 말한다.

이루기 힘든 목표를 세워서 자주 보이는 곳에 둔다.

'나빠'가 아닌 '괜찮아질 거야.'처럼 긍정의 말만 쓴다.

모든 사물과 상황을 긍정적으로 바라본다.

독서란 책을 쓴 저자와의 대화라고 생각한다. 나는 책을 읽고, 저자들과 대화를 나눴다. 그때 삶의 한 줄기 빛이 내렸고, 암울한 현실에서도 진취적이고 희망적인 목표를 세울 수 있었다. 그러면서 매사에 부정적이었던, 남을 나쁘게 평가하며 남의 불행을 입으로 옮기던 내가 변하기 시작했다. 또 내가 변하니 주변 사람들도 변하고 결과적으로 내 인생 자체가 변화하게 되었다.

진화 심리학에 따르면 옛날에는 걱정 많고 소심한 사람이 생존에 유리했다고 한다. 그도 그럴 것이 아무런 정보가 없던 시절, 예를 들어 석기시대에 난생처음 보는 식물을 먹고 죽는 사람도 있었을 것이고, 새로운 지역으로 탐험을 떠났는데 돌아오지 않는 사람도 있었을 것이다. 즉 과거에는 새로운 도전을 하면 생존의 위협을 느낄 수밖에 없었기에 도전을 꺼리는 게 현명한 선택이 된 것이다. 하지만 지금은 과거와 다르다. 당신이 유튜브를 시작하거나 또는 보험영업이나 새로운 일을 도전했을 때, 만약 잘 되지 않더라도 당신의 생존여부와는 아무 관계가 없다.

그리고 생각만 하는 것을 행동으로 바로 옮겼을 때 따르는 행운은 두 가지이다.

첫째, 어차피 99%는 시작조차 하지 않기에 '하는 것'만으로 1%가 될 수 있다.

둘째, 내가 하고 싶은 일을 시도하지 않는 사람들보다 빠르게 찾을 수 있다.

내가 책을 통해 만난 성공자들은 한결같이 주변 사람들이 고민만 할 때 주저 없이 바로 시작했다. 그리고 나도 그들처럼 망설이지 않고 나의 목표를 이루기 위해 아주 작은 단계부터 바로 시작했다. 과거의 내가 무용을 바로 그만두지 않고 계속했다면 쇼호스트가 될 수 있었을까? 아마 쇼호스트 아카데미를 다니지 않았으면 나는 내가 말하는 것을 좋아하고 잘하는지조차 몰랐을 것이다. 모두가 가성비를 외칠 때 과감하게 포르쉐를 사지 않았다면 이 책을 쓸 수 있었을까? 아마 그저 그런 사람으로 평범하게 살아갔을 수도 있을 것이다. 수많은 쇼호스트 멘티와 아카데미 제자들, 내 도움이 필요한 후배들이 나의 도움을 필요로 한다. 그런 그들에게 내가 하는 조언은 단 한가지다. '완벽하지 않아도 되니까 일단 시작해라!'

많은 사람은 새로운 일을 시작하기에 앞서 '얼마가 들고, 얼마를 벌 수 있으며, 리스크는 무엇인가'부터 따진다. 하나하나 꼼꼼하게 따져보고 판단하는 게 나쁜 방법은 아니다. 그러나 그럴수록 시간은 가게 되고, 막상 내가 리스크를 제거하고 시작하려는 순간, 그 시장은 이미 포화상태가 될 수도 있다. 그러니, 우선 시도

하자. 망설이지 말고, 남의 말에 귀 기울이기보다 내가 진정으로 원하는 것을 하자. 이 책을 읽는 모두가 자신이 원하는 삶, 그토록 바라던 삶을 살길 진심으로 바란다.

**지금 당장
포르쉐를 타라**

ⓒ 김민성 2023

초판 1쇄 인쇄 2023년 1월 12일
초판 9쇄 발행 2023년 9월 30일

지은이	김민성
편집인	권민창
디자인	지완
책임마케팅	윤호현,김민지, 정호윤
마케팅	유인철
제작	제이오
출판총괄	이기웅
경영지원	박상박, 박혜정, 최성민

펴낸곳	㈜바이포엠 스튜디오
펴낸이	유귀선
출판등록	제2020-000145호(2020년 6월 10일)
주소	서울시 강남구 테헤란로 332, 에이치제이타워 20층
이메일	mindset@by4m.co.kr

ISBN   979-11-92579-39-9(03320)

마인드셋은 ㈜바이포엠 스튜디오의 출판브랜드입니다.